もう一度楽しむ能

馬場あき子
友枝真也

淡交社

自ら盲いた老武者の苦悩が滲む

——景清《かげきよ》

今は打たでは叶ふまじと
枕に立寄りちやうど打てば

——葵上《あおいのうえ》

定めなき世の夢心
何の音にか覚めてまし
——井筒《いづつ》

銅《あかがね》の爪を研ぎ立てては
眼《まなこ》を攫《つか》んで肉《ししむら》を

——烏頭《うとう》

名にしおはば　都鳥も音《ね》を添へて
――隅田川《すみだがわ》

また水中の遊魚は　鉤《つりばり》と疑ひ

——融《とおる》

天照大神《てんしょうだいいじん》其時に
磐戸《いわと》を少し開き給へば
——三輪《みわ》

不老門の前には
日月《じちげつ》遅しといふ心を
まなばれたり
——邯鄲《かんたん》

はじめに

能楽シテ方喜多流　友枝真也

数年前に歌人の馬場あき子さんに「烏頭《うとう》」という能についてお話を伺っていたところ、その内容の面白さはともかく、現代のお素人でこれだけお能のことをご存知な方はそうはいらっしゃらないし、これから二度と出ないかもしれないと思って、なんとかその見識を形に残るものにしたいと思って企画したのが本書です。馬場さんは戦争直後から喜多流十五世宗家の喜多実先生に入門され、私が一時この道を離れていた時に再びこの道に戻して下さった私の恩人でもあります。

残念ながらお能は他の芸能と比べるとやや難解なところがあるのは本当ですが、この一見難解なところに魅力が潜んでいることも事実です。今回私と馬場さんとで意見が一致していたのは、もう一度謡の詞《ことば》に注目して欲しい、ということです。お能が舞台芸術である以上、視覚的効果が注目されるのはやむを得ないのですが、その視覚的効果のほとんどが謡によって支えられています。

現代の私たちが声に出す言葉はほとんどが会話で、いわゆる文学を声に出して鑑賞するということがほとんどありません。耳で鑑賞する芸術は、定義はさておき、ほぼ音楽のみです。しかし文学を黙読するようになったのは文学史的にはごく最近のこと。例えば書道が文字とその連なりの形を追及する芸術であるように、謡は詞をいかに声に発するかを追求する芸術といえるかもしれません。従ってこの言葉（詞）―謡―をどのようにして聴くかが、お能を楽しむための鍵となるのだと思っています。

勿論、お能の魅力は謡だけではなく、お囃子にあったり、舞の舞踏的な要素であったり、面装束であったり様々にあります。ですから逆にこの謡―言葉―というハードルを超えたときにお能の魅力は一気に広がるのではと思うのです。視覚的効果の高いお能を見せることで、難しくないという印象を持ってもらおうとするのは個人的には好きではありません。

もとより、芸術というものは個人にとっては嗜好品のようなものですから、万人にとってお能が面白いわけではないのですが、和歌や漢詩などを丸暗記させるという教育を受けた世代の方々のほうが謡を楽しむ素養があったのは間違いないと思います。だからといって、かつての人々が謡を全て理解していたわけではありません。お能は耳に留まった詞を繋ぎ合わせ、そして舞台上の役者の動きによって想像力を膨らませ、ある意味で自己満足に浸る芸術です。耳に止まる詞を増やすことが最もお能を楽しむのに有効な手段の一つであるのは間違いないでしょう。

かつて江戸時代、能は武家の式楽といわれ各藩は能楽師を抱え、時の将軍の好みによって流儀の衰勢があったりしました。全員ではないでしょうが能（謡と仕舞）を習うということが武士の嗜みの一つであり、武士のみならず多くの人が能を習っていました。信長や秀吉にもてはやされた能と現在我々が観ている能とどちらが良いかというのは永遠の議論になりそうですが、江戸時代における能の熟成がなかったら、そしてお能が観るだけのものであったなら、明治維新、戦後という時代を乗り切れなかったと思います。

現代はＩＴ技術によって様々な能楽鑑賞の仕方の可能性が増えていますが、そのこと自体はお能が他の舞台芸術に取り込まれることと同様、お能の価値や意義に変化をもたらすものではないと私は思っています。

私はたまたま幼いころから祖父の友枝喜久夫、伯父の友枝昭世の舞台を観始めることが出来ました。そして、流儀の諸先輩や他の流儀の方々の舞台を観るようになったなかで、良いと思う舞台には、それとはいえませんが幾つかの共通する要素があります。観終わった時は興奮していて判断がつかないこともあるのですが、感覚と知識を通じて感性と教養を揺さぶる、そういう舞台が、頻繁ではないかも知れませんが、確実に存在します。

私はシテ方ですが、勿論シテ方だけでは能は成り立ちません。それぞれの役の方が今までの経験や知識を背負ってどんな状況でも対応する集中力を持って一度きりの舞台を支えています。そうした舞台を感じるための最も身近で、重要なチャンネルが詞だと思っています。詞を伝える声というメディアをどう使えるか、声に紡がれる詞に相応しい動きをいかにするか、が今のところの私がシテを勤める時の最大のテーマです。

世阿弥作とされる「経政《つねまさ》」の一節にある

情《こころ》聲《こえ》に發《はっ》す　聲文《あや》を成す

という詞をより重く感じるようになりました。

最後になりましたが、能楽師として未熟な私にお付合い下さった馬場あき子さんに深く感謝申し上げます。対談すること自体が非常に楽しく、役者には持てない視点を知ることができたことはこれからの大きな糧になりました。

この本を読むことでお能を観たくなってくださる方が一人でも増えることを願っています。

目次

能楽堂という不思議な空間

本書掲載の写真について

本書に掲載している写真は、演者の名前が明記されていないものはすべて、友枝真也がシテを務める舞台写真です。

写真家の名前（五十音順）と曲名（掲載順）は、ここに一覧いたします。

青木信二　葵上、井筒、邯鄲、清経、箙、井筒、山姥

浅田政志　能舞台の写真（22～23頁をのぞく）

あびこ喜久三　実盛、自然居士、紅葉狩、殺生石

石田裕　烏頭、隅田川、三輪、22～23頁、野宮、隅田川、黒塚、葵上（155頁）、三輪、天鼓

東條睦子　頼政、景清、求塚、松風、弱法師

野村知也　面（景清、中将、平太、痩男、曲見、童子）

前島写真店　融、翁

森口ミツル　小原御幸

吉越研　柏崎

屋根があって幕がない「本舞台」

友枝　馬場さんが初めてお能をご覧になったのはどちらの舞台ですか？

馬場　東京の駒込《こまごめ》にあった染井《そめい》能楽堂です。戦争直後の昭和二十一年（一九四六）五月、忘れもしません。当時、私は日本女子専門学校（現・昭和女子大学）で国文学を専攻していて、授業の一環として能を見ることになったのです。当時、喜多実先生（喜多流十五世宗家）が主宰していらした学生能でした。

友枝　染井の能舞台はもともと加賀藩ゆかりの舞台で、現在は横浜能楽堂に復元されていますね。

馬場　入りましてびっくりしたのは部屋の中に屋根のある舞台が建っていたこと。私は戦争中に東北で中尊寺の金色堂などを見ていましたから、「これは鞘堂《さやどう》かな」と思って。チビですから一番前の座布団の上で拝見したのを思い出します。

友枝　当時は椅子席ではなくて桟敷席が普通でしたからね。

馬場　柱がある舞台が張り出していて、それがぐーっと迫ってくるので、不思議な感じがしたのを覚えています。正面だけでなく横も見えるし、遠くも見える。さまざまな角度から見ることができ

鏡板《かがみいた》
笛柱《ふえはしら》
ワキ柱《はしら》
地謡座《じうたいざ》
本舞台
ワキ座
階《きざはし》
目付柱《めつけはしら》

能舞台（喜多六平太記念能楽堂）

る。舞台の広さはどこも同じですよね？

友枝　本舞台は京間で三間《げん》（約六メートル）四方ということになっていると思いますが、建てる際に充分な量の檜の板が手に入るかどうか、また敷地の面積によって全体の広さが決まってくるのではないかと思うんですね。ですから本舞台の面積は最低限確保したとして、橋掛りの長さは舞台によって差が出てくる。例えば昭和五十八年（一九八三）竣工の国立能楽堂は、江戸城の表舞台を参考に作られており、橋掛りが七間半と他の舞台に比べるととても長い。僕らシテ方は〈道成寺〉などで最後に橋掛りを走り込みするとき、長距離走になるので息が切れます（笑）。

馬場　張り出した舞台には柱が四本立っています。そして、正面に三段の階段がありますね。

友枝　階（キザハシ）ですね。

馬場　あれは昔、能を見た殿様が、太夫の演技に感心して装束を賜うというときに、取り次ぐ人が昇降した階段と聞いています。

友枝　今はほとんど使いませんが、舞台の上と下との行き来の道があるという感じはします。

馬場　私はせり出した舞台から奥に橋があることが、非常に風流な感じがしたんです。その橋掛りの詰めに揚幕《あげまく》があるのですが、それ以外には観客と舞台を隔てる幕がない。そこから出てきたら、もう引っ込みようがないわけです。歌舞伎の場合、舞台上で何か問題が起こったら幕を引けばいいのですが、それができないということですね。

シテが役になる「鏡の間」

馬場　本を見ますと、その幕の奥に「鏡の間」があると書いてある。非常に神秘的で魅力的な言葉ですが、ここは面《おもて》をつけて、舞台に出る覚悟をするところと考えていいのですか?

友枝　そうですね。楽屋の設《しつら》えは能舞台によってけっこう違うんですけど、舞台、橋掛り、幕、鏡の間の関係はほぼ同じで、鏡の間はどこも幕のすぐ横にあります。シテは鏡の前の床几《しょうぎ》に座って、面を掛けて幕から出る。シテ以外のツレが面を掛ける能もありますけど、鏡の間の床几に座れるのはシテだけです。

馬場　シテ以外の人はみんな立ったり、立て膝をしたりするそうですね。

友枝　ええ。子どもであろうと、お素人さんであろうと、シテであれば鏡の前に座れる。

馬場　鏡の間は女性が絶対に入れないところでした。舞台で舞うことができてもそこには入れない。喜多実先生が厳しく禁じられていたので。ですから私などは、鏡の間に対して神秘性を感じていましたね。

友枝　神秘性というのは僕らも同じで、装束をつける「装束の間」と、面を掛ける「鏡の間」は、

鏡の間

やはり違うんですよね。部屋としては隣り合っていたとしても、そこにいるときの心もちはまったく違う。装束をつけるときは、どちらかというと「作業」です。装束自体、重いですから。一方、鏡の間では面を掛けるだけ。たとえ面を掛けない直面《ひためん》でも鏡の前に座り、そこで役になっていく。

馬場　精神がガラッと変わりますか？

友枝　ガラッと変わる、とは少し違うけれど、やはり集中していきますよね。前シテだと舞台に入る前に時間をかけて前シテになっていきますが、中入《なかいり》で後シテの格好に変えるためバタバタしているとき、どんなに時間がなくてもとにかく鏡の前に座って、出来上がりの姿を見てから出ていく。座ることでスイッチを入れるというか——。

幽界と現実をつなぐ「橋掛り」

馬場　お能を何度も見ていると、幕の奥から出てくるときに、これは幽霊かな、とわかってきます。それで「橋掛り」とは何かということを学生同士でいろいろ討議しました。すると、あれは幽明《ゆうめい》を隔てる一本の道であるという見解に達するわけですが、シテ方としてはいかがでしょうか。

友枝　橋掛りを歩いて舞台に立つまでは、けっこう距離も時間もあるので、いろいろなことを考えます。個人差はあるでしょうが、僕は曲の季節であったり、場所について考えながら、役の気持ちになって歩きます。

馬場　橋掛りで謡う曲もありますね。あれは私たち観客にとって風情があります。

友枝　例えば〈羽衣〉のように幕の中からシテが舞台のワキの漁師に「なう《ノー》、其の衣はこなたのにて候何しに召され候ふぞ」と呼び掛けてから出ていくものもあります。

馬場　私は〈羽衣〉を初めて見たとき、「こんな野太い声の天女が出てくるの」とびっくり仰天しましたが、本舞台に入っていくとそれが天女の声になっていくのが不思議でした。それと「お幕」という声が聞こえてから幕が揚がってシテが出てくる。あれ、いいですね。観客に、遠い幽界からやってくる者を迎える気持ちにさせるのがあの橋なんですね。

友枝　「幕離れ」という言葉があるように、幕から離れていくときが大事だといわれています。僕らは幕の袖から舞台を見ていますでしょ。橋掛りを渡っていくシテ方の後ろ姿を見ると、どういうつもりで出ていき、どのように演じようとしているかが端的にわかるんです。

馬場　私たちも、橋掛りを渡るシテからは期待感で目が離せない。橋掛りは、真ん中を歩かないと聞いたことがありますが。

友枝　ええ。「（屋根の）梁《はり》を右肩に担ぐ」と習いました。真ん中を通ってはダメと。ですから出るときは見所《けんしょ》（観客席）から見て、ちょっと奥を歩く感じ。そして帰りは逆に見所に近い側を歩くことになります。

馬場　神社でも真ん中は歩きませんもの。

友枝　はい。ただ実際は面を掛けていて視野が狭くなっていますから、どの程度正確に歩いているかは……。鏡の間から出るときはちゃんと立たせてくれますから、それをまっすぐ進めばいいのですが、帰りはね。

馬場　面をつけたらわからないですから。

友枝　橋掛りから舞台に入るときは囃子方が視野に入るので、自分の立ち位置がわかるんです。舞台上では、柱・囃子方・ワキなど面を通して見えるあらゆるものを使って自分の位置を把握します。

揚幕から橋掛りと本舞台を見る。

足の裏の感覚に頼ることもあります。例えば舞台の真ん中は一番よく使うから、古い舞台だと板がちょっと凸凹《でこぼこ》している。ただ新しい舞台や地方のホールでの敷舞台だとそうもいきません。

馬場　地方公演は怖いですね。

友枝　ええ。地方の特設舞台で目付柱《めつけばしら》がないときが一番怖いですね。そういう場合は身長の高さぐらいの簡単な柱を立ててもらったりします。

馬場　橋掛りには松がありますが、本舞台に近いほうから「一ノ松」「二ノ松」「三ノ松」と言って、舞台に近づくほど大きくなっていきますが、遠くから来る人を実感させるという意味で効果的です。

友枝　それと舞台によっては橋掛りの欄干はゆるい傾斜があり、揚幕に近づくにつれて低くなっていきます。これはなるべく幕を小さく、つまり遠く見せる視覚効果があります。僕らが子どものころは、喜多流の舞台は鉢植えの松を使っていました。今は大体どこの能楽堂も造花ですね。ただ国立能楽堂は本物で、ある程度の時期で入れ替えているようです。

馬場　舞台正面の鏡板に描かれているのも松。神が降臨する老松で「影向《ようごう》の松」といわれています。春日大社の若宮おん祭では、一の鳥居の内の影向の松の下で、猿楽、田楽などの芸を奉納してから行宮《あんぐう》に入ることになっています。このときの能は神楽《かぐら》式の〈翁〉です。鏡板の松にもこのようないわれがあるわけで、能は神が宿る松の下の芸能であるということを、みなさんがもう一度考えてくださるといいですね。

「囃子方」と「地謡」の登場

馬場　幕から最初に出てくるのは囃子方ですね。このときシテの場合と違って、幕を揚げず、片方に絞って出てきますね。

友枝　幕を完全に上に揚げるのを「本幕」、半分絞るのを「片幕」といいます。基本的にお能のときは、本幕は装束を着た人、片幕は紋付の人です。ですからシテ、ワキ、ツレなどは本幕。一方、囃子方のほか間狂言《あいきょうげん》は片幕。ただ、間狂言もお役によっては、本幕で出て本幕に入ります。間狂言というのは、一曲として独立して演じられる「本狂言」に対する呼び方で、狂言方の大切な役どころです。

馬場　間狂言は前シテが引っ込むと出てきて、間語りをすることが多いのですが、片幕から影のように出てくるのがいいですね。

友枝　出るところを悟られないように、集中されていますよね。僕らもそうですけど、幕を出る瞬間はすごく大事です。大蔵流狂言方の山本東次郎《とうじろう》先生もすさまじい気迫で、まるで針の穴をひゅっと通すような感じで出られます。

幕を上に揚げる「本幕」。シテ方やワキ方が登場する。

馬場　実際、気づかないこともありますよ。ところで〈翁〉のときの囃子方はどうですか?

友枝　〈翁〉は全員本幕です。これは推測ですけど、おそらく〈翁〉の出方の格式が高いんだと思います。

馬場　謡を謡う地謡《じうたい》は、舞台に向かって右側の小さな戸から出てきて、地謡座に座りますね。

友枝　はい。「切戸口」といいますが、〈翁〉の場合は本幕で出て舞台後座《あとざ》に座ります。現在、普通のお能のときは、地謡座に座りますが、昔は舞台後座に座っていたようですね。

馬場　能の絵などを見ると、確かに囃子方の後ろに座っています。ワキ柱のほうへ来るようになったのはなぜでしょう。

友枝　わかりません。現在、地謡はだいたい八人ですが、かつてはもっと多人数だったこともあったようです。

幕を片方に寄せる「片幕」。囃子方などが登場する。

馬場　コンダクターのような役割の人はどこに座るか決まっていますか?

友枝　地頭《じがしら》ですね。喜多流では後列四人のうち、真ん中のワキに近い人が地頭です。ただこれはお流儀によって異なるみたいです。

馬場　そのサブで「副地頭」という人もいますね。地謡の序列はなんとなく決まっていて、みなさん、座るべきところに座っていますね。

友枝　序列はすなわち経験ということになります。ですから、それがだいたい同じだったりすると、演出的に変えることもあります。地方公演で地謡の人数自体が少ないとき、前の曲と絵面《えづら》を変えるために位置を替えるとか、声の調子が悪いときに本来の席よりも低いランクの席に替えてもらうとか、そのあたりは臨機応変です。

「ワキ」の大切な役どころ

馬場　囃子方の後に登場するのがワキ方ですね。

友枝　すべてではないですが、だいたいそうですね。

馬場　ワキにはいろいろな役柄がありますが、お坊さんが一番多い。私は「ワキ僧」という役が発明されたときに、能の範囲が広がったと思うんです。なぜならお坊さんならば、どんな幽霊を呼び出してもいいわけですから。

友枝　世俗の人間だと、呼び出せるのはその人につながりのある人に限られてしまいます。ですから逆に〈敦盛《あつもり》〉はすごく上手につくられた作品といえるかもしれない。シテの平敦盛を殺した熊谷《くまがい》次郎直実《なおざね》が出家して、ワキの蓮生《れんしょう》法師になるのですから。

馬場　ワキの出は、見ているほうにはけっこう印象的なんですよ。

友枝　ワキのお坊さんは笛の旋律のみによって登場することがありますが、これは「名宣《なの》リ笛」と呼ばれています。そして「これは一所不住の僧にて候……」という具合に続くんですが、笛が上手で、出方も上手だと、すごくいいですよね。

馬場　いいですよ。しっとりとしてね。私も名宣リ笛と送リ笛はとっても大事なものだと思います。ときに風の音であったり、嵐であったり、笛というのは舞台に情緒を添えてくれる楽器ですから。笛とともに登場するお坊さんは格調がありますね。

友枝　着流し僧で一所不住ですから身分としては低いのかもしれないけれど、やはり凛とした感じで。

馬場　ワキ僧は観客が思っていることを代弁してくれる。「あなたは誰ですか?」とか「なぜ今そのようなことを言ったのですか?」とか聞いてくれるので、昔から「ワキは見所《けんしょ》（観客）の代表」と言われています。あらすじを書いたプログラムがなかった昔は、ワキが出てきて言う言葉によって、はじめてその日の能のテーマがわかったわけです。そして自分の役割が終わるとワキ座へ行って、終わるまでそこにずっと座っていたりする。そういう意味では、ワキ方の人たちは、お能を一番よく見ているわけですよね。

友枝　一度、おワキの方に「ワキ座に座っているときはどのようなお気持ちなんですか」と聞いたことがあるんです。そうしたら「いい舞台だとそのなかに入れるから足も痛くならない」とおっしゃった。逆にそうじゃないと、疎外感もあって本当に辛いらしいんですけど。

馬場　子方《こかた》でも最後まで座り通す子がいますからね。途中で足を組み替えてはいけないのですか?

友枝　だめですね。子方でも小さいうちは体が軽いからしびれにくいんですよ。おワキの方たちは、シテ方の僕らとはきっと訓練方法が違うんだと思います。

笛方
地謡
ワキ
シテ連《ツレ》
子方

舞台上での配置。囃子が「太鼓物」の場合は、大鼓方の向かって左に太鼓方が座る。

馬場　新作の能にはワキの役があまりないですね。ワキが出ると古典的になるからでしょうか。

友枝　例外はありますけど、やはりおワキが最初に出てきて、最後に帰っていくというのが能の基本です。ですからおワキは重要な存在。ストーリー展開はシテが請け負うのでしょうが、その土台をつくってくれるのはワキ方なので。

馬場　でも、一日にお能を三番見て、すべてワキがお坊さんだったら、飽きてしまいますね。

友枝　それは必ず考えます。三番のうち、二番は仕方がないときもあるんですが、全部がお坊さんにならないように、山伏とか普通の男のものなどを入れるようにします。

馬場　ただ、ワキ方は人数が少ないですよね。

友枝　そうですね。お囃子方も次世代の若い人が少ないんですよ。

馬場　確かに。国立能楽堂に能楽三役（ワキ方・囃子方・狂言方）の研修所がありますが、あそこも研修生がものすごく少なくなっています。

さあ、そろそろ曲の話に入りましょうか。今回は、謡本を読みながら登場人物について考えていきたいと思います。まずは先ほども話題に出た〈敦盛〉など、修羅能の男たちから始めましょうか。

友枝　いわゆる二番目物ですね。よろしくお願いします。

橋掛りを来る人々

お読みいただく前に

一、本書には、令和元年・二年に行われた対談を収録しました。

一、対談で語られている能の所作、舞、型などは、語り手が属する喜多流のものです。

一、曲名は〈 〉、面の名前は《 》で表記しています。

一、対談で語られている謡の詞章（書体を換えて示しています）は、喜多流の謡本に拠っています。他流儀の謡本とは一部異なるところがありますので、異同は傍らに〔 〕で示しました（漢字遣いをのぞく）。ただし、詞章じたいが無い場合、大きく異なる場合は、注記をしていません。

一、対談で用いられている能楽用語や装束については、230〜243頁で解説をしていますので、ご参照ください。

修羅道から来た男

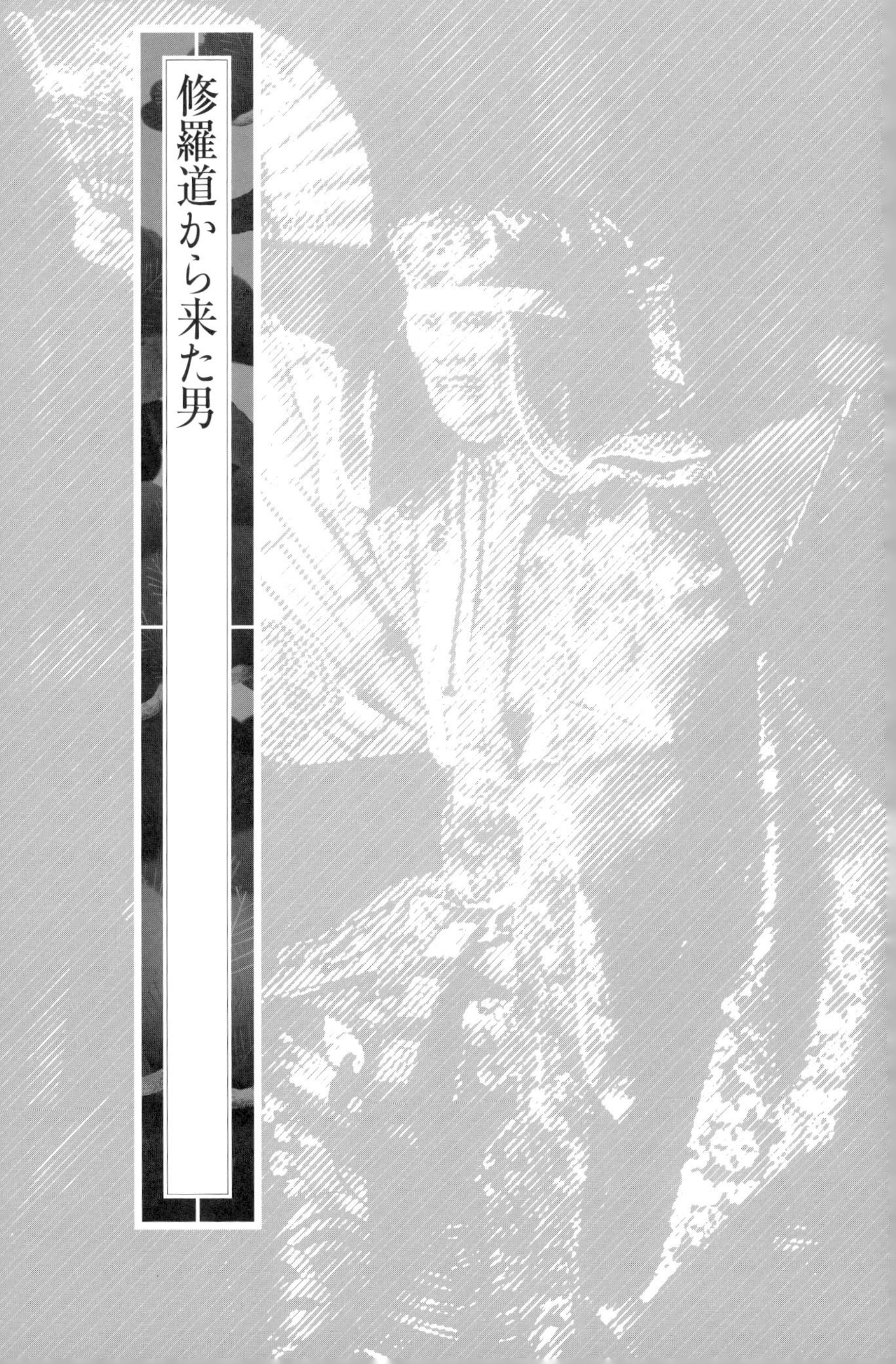

敦盛《あつもり》 清経《きよつね》 忠度《ただのり》

美しき敗北者たち

平家とともに滅びた平家文化

友枝　お能には、神《しん》・男《なん》・女《にょ》・狂《きょう》・鬼《き》という分け方があります。最初に神様のお能があって、その次に「男」、つまり「修羅物《しゅらもの》」が続く。修羅というのは人に殺されたり、人を殺したりした人が落ちる地獄とでもいうのでしょうか。要するに人の死に様を描いたお能を、儀式的な神様のお能の次に持ってきたあたりから、お話をしていきたいと思います。

馬場　このごろは外国の方から〈清経〉が見たいという要望があるそうです。どうしてかというと、平清経は源平合戦が始まる前に戦わずして自殺を選んだ人。それが非常に〝現代に近い〟ということらしいですね。

　平安朝から武士の世に変わっていく時代の転換期に生死の境を見つめた男たちがいて、実際に戦死した人たちがこの世にもういっぺん現れて、なぜ、どのように自分は死んだのかを語る。世阿弥が生まれた頃は『太平記』の内乱の時代で、死骸を見ることはそんなに珍しいことではなかった。そうすると、神の能のあとに、戦って死んでいった人たちの話がきてもおかしくないかなと思います。人を殺したり、合戦のなかで死んだりした人は修羅道に落ちて、そこでも永遠に戦わなければならない。

友枝　修羅物は実在したリアルな人が出てくるので、舞台を見ている人は、『平家物語』のあの人、という先入観を持っているわけですよね。そういう意味では、実際の舞台で、言葉になっている部分はすごく少ない。

馬場　肉体表現を見ながら、これこそ戦う男だ、修羅道から来た人だと我々は考えるわけですね。だから型というものがすごく重厚で印象に残ります。

友枝　修羅物の大部分を占めるのは「公達物《きんだちもの》」で、これは平家の公家でもある武将たちです。だから《中将《ちゅうじょう》》という、眉墨を入れて、お歯黒もしている面《おもて》を掛けます。〈敦盛《あつもり》〉と〈経政《つねまさ》〉は《十《じゅう》六《ろく》》という若い面を使います。そして長絹《ちょうけん》という薄物をまとって、いかにも上品な感じです。

馬場　寝返りも当たり前という、侍の倫理が失われているような時代（南北朝〜室町時代）に、世阿弥が平家の公達のような侍を書こうとした理由はなにか。都落ちをした平家は九州を目指す。しかし、昔恩をかけた緒方三郎に「昔は昔、今は今」、もう味方はしないと言われ、柳ヶ浦（大分県宇佐市）から追われ追われて、また瀬戸内海を都に上る。平清経は九州ですでに滅亡を自覚し、柳ヶ浦から船に乗って、得意の笛を吹き、今様《いまよう》を謡って入水《じゅすい》します。敦盛は十六歳の少年ですが、その当時、経政の琵琶と双璧の笛の名手で、二人とも天皇家の宝のような「青山《せいざん》」という琵琶と「青葉」という笛をもらっているわけです。そうした青年音楽家が死ぬことによって、平家の文化が消える。平家文化というのは、韓国、中国、そしてもっと南方の外国文化に彩られた絢爛たる文化だった。世阿弥や南北朝時代の貴族は、文化的なあの時代が持っていた精神の高さを取り戻したかったのだと思うんです。

友枝　僕らは平家の人々を文化的な側面からみたことはほとんどないですね。和歌や楽器が達者で教養がある、という程度です。

馬場　平家文化は戦争とともに滅んでしまった。嚴島神社の「平家納経」などにその片鱗が残っていますが、平家物の修羅能にある哀しみに重なってきます。私たち世代は戦争中の学徒出陣を明治神宮の外苑で見送ったときの光景とちょうど重なるわけですよ。戦う方法など知らない青年たちが戦争に行くということは、みんな死を覚悟しているわけです。そういう哀しみを世阿弥は感じていたんだと思う。だから『風姿花伝』で修羅能について、『平家物語』のままに書きなさいと言いながらも、前シテにいろんな創作を入れているんですよね。そういう創作者・世阿弥の哀しみが、修羅能に投影されているような気がします。

友枝　僕らは若い頃に、仕舞《しまい》で〈敦盛〉や〈清経〉の稽古をいっぱいします。仕舞は文字通り「舞」ですが、みんなで稽古をしているときは謡います。何度も何度も繰り返し声に出して謡っていると、ものすごく感情が動かされるんです。

役者としては、〈敦盛〉や〈経政〉は若い頃にやります。逆に〈清経〉や〈忠度〉は、ある程度こなせるようにならないと、やらせてもらえない。だから、どの世代のおシテがなさるかで、舞台の見方も変わってくると思います。満年齢十四歳くらいで亡くなっている敦盛を、例えば僕みたいに五十歳近くでするのと、同じ年頃の人が一所懸命やるのとでは、やはりやり方も見方も変わってきますよね。若いシテにあんまり情緒性を求めても、難しいですから。

〈敦盛〉が訴える反戦思想

馬場　〈敦盛〉〈清経〉それから〈忠度〉、この三曲を取り上げると、死に赴いた人たちの心情が出てくるんじゃないかと思うんです。

友枝　〈敦盛〉は本当に〝修羅物らしい〟ですよね。

馬場　終わりのほうはそうですね。だから前半には、文化人の雰囲気をつくっている。〈敦盛〉の前シテは直面《ひためん》ですね。

友枝　草刈男という態《てい》の、いわば普通の男性なので面は掛けません。熊谷《くまがい》次郎直実《なおざね》（ワキ）が出家して蓮生《れんしょう》法師となり、一の谷に敦盛の供養をするためにやって来る。そうしたら笛の音がした。どうしたんだろうと思っていると、家に帰る草刈男の一団がやって来た。

馬場　この頃の貴族が持っているのは龍笛《りゅうてき》でしょう。「小枝蟬折《こえだせみおれ》様々に笛の名は多けれども」という詞《ことば》が出てくるように、「小枝」と「蟬折」という国宝級の名笛を平家の公達は持っていたことがわかります。そんな笛を持っている草刈男とは何者だろうと思うと、シテが「真《まこと》は我は敦盛のゆかりの者にて候」と言うので、蓮生法師は自分が手にかけた若者だと悟るわけですね。そしてシテとワキがいっしょに念仏を唱えて、シテは消えてしまいます。

友枝　見ている人たちからすると、舞台で初めて発する詞はものすごく大事だと思う。僕は前シテが登場して最初に謡う「草刈笛の声添へて吹くこそ野風なりけれ」、そして地謡が最初に謡う初同《しょどう》の「身の業は好ける心に寄り竹の、小枝蟬折様々に笛の名は多けれど」も大事だと思いますね。シテとワキとがある程度問答をしてから、地謡がポンと出てくるのが典型的なパターンなので、初同で印象を深く残しておかないといけないのです。

馬場　後半は《十六》を掛けた若い公達が後シテで出てきて、寿永の秋からの平家一門の惨状、合戦前夜の夜宴、そして敦盛が波打際で熊谷に討たれる場面を再現します。

友枝　前シテの「草刈笛の声添へて吹くこそ野風なりけれ」という、ちょっと歌みたいな感じの詞と、後シテの最初の「淡路潟《あわじがた》通ふ千鳥の声聞けば、幾夜寝覚《〔ぬ〕》の須磨の関守」と、なぜこれを前後のシテの最初にもってきたのかとか、大人になると考えるようになりますね。

馬場　この「須磨の関守」の歌は、源兼昌の「淡路島通ふ千鳥の鳴く声に幾夜ねざめぬ須磨の関守」を引いているのですが、これを『太平記』の時代の人々が聞いたら、自分たちが失いかけている古きよき文化というものを考えたかも知れませんね。

後シテに「これかや悪人の友を振り捨てて善人の敵《かたき》を招けとは御身のことか有難や」という台詞がありますね。これが結局、蓮生法師と敦盛との仏の媒介による和解のような感じになっていくわけですね。そのあと懺悔物語をするかたちで敦盛の舞語リが始まるわけですが、これが最後に出てくる「終《つい》には誰も生るべ《〔き〕》し、同じ蓮《はちす》の蓮生法師、敵にてはなかりけり、跡弔ひてたび給へ」と対になっている。敵同士で討ち、討たれてはいるけれども、自分たちは同じ蓮の上にやがて生まれるべき友達だったというような、すごく和合的な思想を世阿弥は説き、舞台上からアピールしているわけです。ここに世阿弥のたくましい芸術家あるいは文学者意識というものがあったかもしれないと思います。やっぱり世阿弥は戦争に反対なんですよ。

〈清経〉は謡で酔う

馬場　〈清経〉はお仕舞でみんながやりたがる曲ですね。

友枝　感情移入しやすい曲ではありますよね、舞い手としては。修羅物は普通、前半・後半に分かれていますが、〈清経〉は後半しかなくて、清経の奥さん（ツレ）と、清経の形見を持ってきた清経の家来（ワキ）とのやりとりから始まっていきます。地謡の「何事も儚《はかな》かりける世の習《ならい》、此程は人目を包む我が宿の、垣穂《かきお》の薄《すすき》吹く風の、声をも立てず忍び音《ね》に泣くのみなりし身なれども、今は誰をか憚《はばか》りの有明月の夜《よ》ただとも、何か忍ばん鵑《ほととぎす》名をも隠さで泣く音かな」は、もう情緒芬々《ふんぷん》たる初同です。今までは恥ずかしいことだから忍んで泣いていたけど、今はもう夫が死んだことがわかったから、だれかれ憚らず声をあげて泣ける。いいところだと思います。

馬場　夢枕に清経の亡霊（シテ）が鎧姿で出てきて、奥さんと押し問答をするわけですが、私は清経が登場して最初の「聖人に夢無し誰あつて現《うつつ》と見る」に注目しています。「聖人に夢無し」は中国の紀元前に編まれた書ですが、『淮南子《えなんじ》』にある言葉で、聖人は心が正しくて、あらゆる物事が理路整然とわかって悩みがないから、夢なんか見ないという意味です。だけどここの「誰あつて現と見る」は、そうはいってもの今の現実、つまり社会的に成り立ってきた秩序を、文化の低い東国勢に滅ぼされてゆく今がどうして現実だと言えましょうか、今の現実こそ夢だと言っているわけです。

友枝　「聖人に夢無し」は、言葉としてはちょっと難しい。でもその後、もう一回「げにや憂しと見し世も幻、つらしと思ふ身も夢」と言うんですよね。

馬場　面白いですよね。あっちは貴族向けに格調高く、こっちは観客向けにわかりやすく言っている。

友枝　そのあとにシテとツレとの会話があります。

〈清経〉長絹・大口の公達の出立ち。中啓は波に入日紋様の修羅扇。

馬場　色っぽいところですね。

友枝　妻は、夫がもし人に殺されたのなら、来世でめぐり合うことがあるかもしれないけど、未来をはかなんで自殺したら、もう二度と会えないでしょと、怒るというか恨んでいるわけですよね。

馬場　同時に「髪を形見に贈った」「そんなもの見たくないから返す」「返すのは愛がないからでしょ」とか言い合っています。天下がひっくり返ろうという時に、愛されているかいないかが奥さんの最大の問題になっている。清経は時代の急転を自覚した青年将校です。神託を聞いて、もう平家の将来はないと判断する。一つの時代の終焉を見ているのですが、奥さんは夫婦の約束ごとにこだわっている。ここの夫婦の心情の落差は深く悲しいです。

奥さんの恨みが晴れないので、「此上は怨を晴れ給へ、西海四海の物語申し候はん」と言って、死ぬまでの戦話をするわけですが、地謡のクセがいいですね。仕舞どころだから、舞っていても気持ちがいいでしょう。みんなこの謡で酔いますから。

友枝　そして、舞が実によくできています。

馬場　動きのある風景と動きがある心情が、文言として非常にうまく表れているからですね。「柳が浦の秋風の、追手顔なる跡の波」という敗者の哀れなど、うしろを振り返りサス（指し示す）だけですが、美しいから哀れも深い。

友枝　だから、稽古をする時も、ものすごく考えますよね。〝凝らす〟というか。

馬場　「底の水屑《みくず》と沈み行く憂き身の果ぞ悲しき」なども、ぐるっとひとまわり体を回し沈む型に、渦を巻き沈んでゆくような感じがあります。

友枝　同じことをやっても、謡のタイミングで見える時と見えない時があるので、いつこれをどういう感じでやるかをものすごく考えますし、そもそもの形がきれいじゃないと具合が悪い。またやりすぎて自己満足になると、見ていて汚らしくなってしまいます。要するに世阿弥は盛り上げ方がものすごく上手なんです。

馬場　〈敦盛〉〈清経〉〈忠度〉〈八島《やしま》（屋島）〉〈実盛《さねもり》〉〈頼政《よりまさ》〉全部世阿弥です。文言のうまさはまさに詩そのものです。ぜひ謡を聞いてもらいたいので、耳が慣れていない方は、さきに謡本を読んで、頭に入れてから見てほしいです。

友枝　僕らは、文言ではなく音が頭の中に残っているので、この謡が生きるように舞いたいと思っています。言葉があって、そこに舞が加わると、見ている人の連想がひろがっていく。少なくともお能は舞だけでは絶対に成り立たない。たとえどんなに上手な人でも、〈清経〉の仕舞を謡なしでやったら、ひとつも面白くないですから。

馬場　文言、そして謡に型が加わった時に内容が立体的になるんですね。

〈忠度〉のなかの文学性

馬場　〈忠度〉は、藤原俊成の身内という旅僧が須磨の浦に来て、一木《ひとき》の花（桜）のところで不思議な老人に出会うところから始まります。

友枝　ここもほかの修羅物とちょっと違います。登場した老人（シテ）が長い謡を謡いますが、最初の「げに世を渡る習ひとて、かく憂き業《わざ》にも懲りずまの」は強吟《ごうぎん》で、一セイの「蜑《あま》の呼声隙無きに、屢《しば》鳴く千鳥、音ぞ凄き」で和吟《わぎん》になって、もう一回強吟になってワキとの問答でまた和吟になるというふうに、謡の色の付け方が変わります。

馬場　忠度は強い人だから強吟で謡うはずなのに、和吟が入るのは歌詠みだからと考えていました。「薪《たきぎ》に花を折り添へて手向けをなして帰らん」と言うときの桜の花は『源氏物語』の「須磨」の巻から取っています。忠度を『源氏物語』の世界の中に置こうとしている世阿弥がいる。文言の奥が深い人です。文学的格上げをしているわけですね。その上、この老人が《中将《ちゅうじょう》》の面《おもて》をつけた後シテになってから「げにや和歌の家に生れ、其の道を嗜《たしな》み、敷島の陰に寄つし事人倫《じんりん》に於いて専《もっぱ》らなり」と、累代の歌人だったことになっている。その次に「中にも彼《こ》の忠度は文武二道を受け給ひて世上に眼《まなこ》高し」とある。実際この人は、平家の中で両方ともできた人なんです。この人の歌を集めた『忠度集』を見ると、女性との贈答歌が極めて多い。だけど位は低い。お母さんの身分が低かったのでしょう。

友枝　そして、熊野育ちで清盛から遠い。

馬場　だけど、もし平家が存続していたら、平家一の歌の指導者になっていたはずです。藤原俊成の弟子ですから。

友枝　後場は、忠度の亡霊が、自分が俊成卿に渡した歌は千載集に入ったけれども、勅勘の身だから「読み人しらず」になってしまったのが妄執の中の第一だ。だから息子の定家卿に、作者の名前を付けるように頼んでほしいと訴えます。忠度が、自分が詠んだ歌を書いた巻物を持って俊成のもとを訪ね、「前途《せんど》程遠し」という歌を口ずさみながら、馬に乗って去るシーンが『平家物語』にありましたね。

馬場　いい場面です。俊成が巻物を持って、必ずこの中から勅撰集に歌をとりますと言った。すると忠度は兜の緒をしめて馬に乗り、もう思い残すことはないと言い、「前途程遠し、思を雁山《がんざん》の夕《ゆうべ》の雲に馳す」と高らかに朗詠しながら去って行く。

友枝　格好いいですね。そのあと、後シテは一の谷の合戦で岡部六弥太に討たれる場面を再現するわけですが、たぶんこれも主観を変えているだけでほとんど『平家物語』と同じだと思います。「こここそ望む所よと思ひ、駒の手綱《たづな》を引っ返せば、六弥太やがてむずと組み、両馬が間《あい》にどうど落つ、彼の六弥太を取って押さへ、腰の刀に手を掛けしに……」、そして「痛はしや敢《あえ》無くも、六弥太太刀を抜き持ち終《つい》に御首を打落す」、ここで忠度は死ぬ。その次に「六弥太心に思ふやう」と、急にシテの視

《中将》眉は黛で描き、歯も鉄漿で染めている。

点が六弥太に変わります。
馬場　すごいところですね。あっという間に人物が変わる。リアルな型入りの語リです。
友枝　そこに右手を失くした忠度の死骸があって、「錦の直垂《ひたたれ》はただ世の常によもあらじ、いかさまこれは公達の御中《おんなか》にこそあるらめ」、六弥太は自分が討った人間が誰だかわからないんですよね。でも、どう考えてもこれは身分の高い人というのはわかるので——
馬場　箙《えびら》を見る。すると、箙に短冊が付いていた。
友枝「不思議やな、短冊《たんじゃく》を付けられたり、見れば旅宿《りょしゅく》の題をすゑ、行き暮れて木の下陰を宿とせば」。
馬場　続けてシテが「花や今宵の主《あるじ》ならまし、忠度と書かれたり」。
友枝　そう、短冊に歌が書いてあって最後に「忠度」とあったから、ここで初めて討った相手が誰かわかったんですね。喜多流ではここにカケリが入るんです。このカケリというのは、テンションがすごく上がった状態を表現しています。
馬場　興奮状態をどのように表現するんですか。
友枝　笛と小鼓と大鼓だけで、ほんの短い舞みたいな記号的な動きをします。ではなぜここでシテのテンションが上がったかというと、〝今ここで俺が忠度であることを認識された〟からだと思う。ということは、忠度をあくまでも歌人寄りに考えているはずなんです。

馬場　これは歌人のカケリですか。文学的ですね。

友枝　だと思うんです。若い頃はそんなことは考えずに、ここでカケリです、はい、みたいな感じで稽古しますが、だんだん、なぜここにカケリが入るのかが気になってきました。普通の曲は死ぬ直前とか、戦になるシーンとか、そういうところでカケリになっていくんですけど、これはそうではない。

馬場　なるほどね。歌人として認められたカケリというのは断然いいですね。忠度の歌、敦盛の笛、平家文化は平家とともに滅んだことで思い入れが深くなりますね。

八島〔屋島〕《やしま》 箙《えびら》 田村《たむら》

勝者も堕ちる修羅道

勝ち戦の寂しさを義経が謡う――〈八島〉

友枝　修羅物の中には「勝修羅《かちしゅら》」と称される一群があります。それは〈八島（屋島）〉と〈箙〉と〈田村〉の三曲で、討たれて死ぬシーンがない。そもそも修羅物は負けるのが普通ですから、この三つを「勝修羅」と呼んで、それに対して「負修羅」という言葉をあとから作ったのではないかなと思います。

馬場　〈八島〉の舞台は讃岐国（香川県）の屋島。ここに陣を構えていた平家は海上からの攻撃に備える以外考えていなかったところを、源義経は徳島の南の勝浦に上陸し、大坂越えをして、引田《ひけた》、白鳥《しらとり》をすぎて待機。情況をみて高松の民家に火を放って大軍とみせかけ、わずか八十騎ほどで奇襲した。いかにも義経らしい戦いだった。『平家物語』の中には、義経の弓流し、また那須与一の活躍といった逸話もたくさん含まれています。

〈八島〉では最初にワキが出てきて、四国見物にやってきた都の僧だと名宣《なの》る。ワキが屋島の浦に着くと、シテが釣竿を持ってツレと一緒に出てきて、「一葉万里の船の道、唯一帆《ただいっぱん》の風に任す」と謡う。この漢詩風の謡を聞いて、これからどういう話が始まるのか当時の人にわかったのでしょうか。

友枝　ツレと一緒に謡っていくこの一連の詞《ことば》は、たしかに非常に難解ですね。

馬場　私も最初はわからなかった。でも、格調があるので、この漁師は並々ならぬ老人だということはわかります。そのあと「夕べの空の雲の波、月の行くへに立消えて、霞に浮む松原の」という和文に移ったところで、春の夕べの寂しそうな浜辺のようすがやっと目に浮かぶわけです。まず貴人、文化人にアピールしておいて、それから衆人にわかりやすく説明する。それが作者の心遣いだったのでしょうね。

友枝　この〈八島〉だけではなく、最初に漢文調でぼーんと言っておいて、あとで同じような内容を和文で言い直すというのは常套手段ですね。

馬場　そして、塩屋へ帰ったシテとツレに、ワキの僧が一夜の宿を請い、昔このあたりは源平の合戦場だったと聞いているので、「夜もすがら御物語り候《（語って御聞かせ）》へ」と言う。するとシテが「いで其頃は元《げん》暦《りゃく》元年三月十八日の事なりしに」と語り始めます。この語リは短いけれどすごく簡潔ないい語リで実感がこもるものですから、観客は義経と関係があることに気づく。

友枝　元暦元年（一一八四）には、もう一つ寿永三年という暦がありますね。安徳天皇が治承《じしょう》四年（一一八〇）に即位したあと養和、そして寿永に改元されたのですが、源氏に攻められ、三種の神器を持って都落ちしている間に都では後鳥羽天皇が即位して元暦になった。でも平家は寿永を使い続けます。ですから、同じ錏引《しころびき》の話をする〈景清《かげきよ》〉では「いで其頃は寿永三年三月下旬の事なりしに」と言っています。〈景清〉は平家だから寿永、〈八島〉は義経だから元暦。実際にあった事件をものすごくシンプルに語っていくんですけど、ディテールは非常に丁寧です。

馬場　今のお話はすごく面白いと思いますね。ただ単に知識として元暦と寿永は重なっていると知っているのと、平家方は寿永で語り、源氏方は元暦で語っているというのでは説得力が違いますね。このへんの作者の認識はなかなかなものです。

友枝　そのあとこの老人が、「大将軍の御装束《（御出立にハ）》、赤地の錦の直垂《ひたたれ》に、紫裾濃《すそご》の御着背長《おんきせなが》、鐙《あぶみ》踏ん張り鞍《くら》かさに突っ立ち上り、一院の御使、源氏の大将検非違使《けんびいし》五位の尉《じょう》、源の義経と名《な》宣《の》り給ひし御《おん》骨柄《こつがら》、あっぱれ大将やと見えし、今のやうに思ひ出でられて候」と語っていくんですが、それがとても重厚です。義経を第三者として見ていたように語っていながら、本人はもう義経のつもりです。

馬場　これは大事だと思いますね。今まで塩屋のおじいさんだったのが、語りの格調でだんだん義経その人になって、位まで上がってくる。私は最初に〈八島〉を見たとき、この語りに感動しました。

友枝　義経が出てくるあたりから、景色が単なる海辺から合戦の場面へと〝色〟が変わっていく。演じる方としては、その色が変わる前の工夫をしっかりしておくと、見ている方が豊かな色をつけ足してくれます。

馬場　そのあと、源氏の三保谷《みほのや》四郎と平家の悪七兵衛《あくしちびょうえ》景清の錏引《しころびき》の語りになります。ここも「引合」という、いい型がありますね。

友枝　景清が三保谷を追っかけ、兜の後ろに垂れている錏（錣）をつかむ。三保谷は前に逃げる、景清はそれをぐーっと引っ張る。これを前シテの老翁が一人で演じるんですが、錏を互いに「えいや」と引く力がこもっている感じを出したいところです。

馬場　「鉢附《はちつけ》の板より引きちぎつて、左右《そお》へくわつとぞ退《の》きにける」と言うとき、はっと錏が切れる。これが入ることによって、合戦が行われたことがわかるわけですね。あの迫力はどうやって生れるんでしょう。

友枝　こういうところは、僕らにとってもやりどころでもあるし、見ている人に印象深く残したいところです。

馬場　全力で合戦の様を演じきった老人がただ一人残って、「鬨《とき》の声絶えて、磯の波松風ばかりの音寂しくぞなりにける」というところが、私はとっても好きなんです。義経の側近のひとり佐藤継《つぐ》信《のぶ》は義経の身代わりになって矢先に立ちはだかり、能登守《のとのかみ》（平教経《のりつね》）の強弓に当って死ぬ。能登守のほうも自分の寵愛していた菊王が源氏方の矢に当って死ぬ。「共に哀《あわれ》と思《おぼ》しけるか船は沖へ陸《くが》は陣に、相退《あいび》きに引く」、みんなすーっと引いていき、磯の波と松風の音だけになって、暗黒の夜がくる。その暗黒の夜の下には死骸が累々と残っている。それが戦争だと思うと、しみじみと寂しくなるんです。〈八島〉は前シテが大事ですね。

友枝　逆に言えば、演じる方は、このあとの中入《なかいり》前が難しいです。後場《のちば》こそ本当に典型的な修羅物ですけど、中入前は動きがほとんどなくて、謡だけになってしまいますから。

馬場　やっぱり見る人は後シテを待っているわけだから、これで終わりだったら困ってしまいますよね（笑）。後シテは《平太《へいた》》の面を掛けて、修羅物のなかでも重厚な装束をつけます。前場と鮮やかに変化します。

友枝　中入のあとに、那須与一が平家の扇を弓で射る「那須語《なすのかたり》」を、間狂言《あいきょうげん》として入れる場合もあります。後《のち》では義経が海に落としてしまった弓を取りに行く場面が語られます。家来の兼房が諫めますが、この弓が敵に取られてしまうと、自分の弓は強くないことが知られてしまうから、「義経は小兵《こひょう》なりと云はれんは無念の次第なるべし、よしそれ故に撃たれんは、力無し義経が運の極《きわ》めと思ふべし、さらずは敵に渡さじとて波に引かるる弓取の、名は末代にあらずや」と、危険を冒して取り返した訳を話します。弓流の小書の場合は、そこのところを少しだけふくらませて、弓を拾い上げる型が入ります。

馬場　いいところですね。そのあと、教経との船軍になって、義経が勝つわけですが……。

友枝　世阿弥は謡での言葉遣いがものすごく上手だなと思ってるんですけど、〈八島〉のキリで「水や空空行くも亦《また》雲の波の」とあるのは、どういうことなんでしょう?

馬場　「水や空空や水とも見えわかずかよひてすめる秋の夜の月」という本歌があるんです。平安末期に橘俊綱という人の催した歌会に「水上の月」という題が出た時、メンバーにも入っていなかった身分の低い侍が提出したこの歌が、その日一番の秀歌に選ばれたという歌説話があります。『十訓抄』『古今著聞集』その他にありますが、それを世阿弥は知っていた。いったい、どれだけの本を読んでいたんでしょうね。

友枝　すごいですね。

《平太》眉・髭など、《中将》(41頁)との差は歴然としている。

馬場　そして最後は「敵と見えしは群れ居る鷗《かもめ》、鬨《とき》の声と聞えしは浦風なりけり高松の、浦風なりけり、高松の朝嵐とぞなりにける」で終ります。勝修羅のキリでありながら、悲しいですよね。大奮戦して勝ったけれども、自分の味方も親しい人も大勢死んでいる。勝つということは、こんなにも寂しいことなんだという無常観が出ています。〈八島〉は勝修羅でありながら、ある意味で反戦詩です。世阿弥の作品はすべて戦いに反対ですね。それは合戦による死は、覚悟はしていても、できれば生きたい希望があるわけですから、討死はすべて非業の死なのです。その人の持っていた人間的な世界、人によっては文化や芸術が滅びてしまう。そういう悲しみと同時に戦いというものの空しさを訴えています。

箙に梅を挿して戦う若武者――〈箙〉

友枝　〈箙〉は、源氏の梶原源太景季《かじわらげんだかげすえ》がシテです。一の谷で「梶原の二度駆け」と呼ばれる奮戦をした景時の長男です。景季は、生田の森の合戦のときに箙（矢を入れて背に担ぐ道具）に梅を挿して戦ったことで有名です。前シテはこの景季の霊で、ワキの旅僧に「箙の梅」と源氏の勝ち戦の話をするんですが、居グセがあったりするので、ほとんど謡だけがえんえんと続く感じですね。〈箙〉の前シテは若い男で、直面《ひためん》でやりますが、たまに老人でやることもあります。

馬場　老人ですか。そういえば修羅能の前シテは老人が多いですね。やはり、後シテの雄姿を引き立てるためでしょうか。

友枝　それもあるかと思います。後シテは景季で《平太》を掛けます。後場は、前場で謡った戦いを型で演じる形になるんですが、生田の森の梅の盛りの中で、後シテが「一枝《ひとえだ》手折《たお》りて箙に挿せば、もとより雅びたる若武者に、相合ふ若木の花鬘《はなかずら》、掛くれば箙の花も源太も我先駆《さきが》けん先駆けんとの、心の花も梅も、散りかかつて面白や」って言いますでしょ。「先駆ける」というのは一番乗りの意味ですが、「咲きかける」、つまり一番に花が咲く、立春を過ぎて最初に咲く梅の花を意味していますよね。以前〈箙〉をやったときに、なるほど、「さきかける」ってそういうことなのか。だから箙に梅を挿すんだと気がついて。

〈箙〉後シテは法被・半切の源氏の武者の出立ち。中啓は松に朝日。

馬場　なるほど。梅の季節だし、私

は風情だと思っていました。若武者の心意気というのもいいですね。「先駆ける」と「咲きかける」、掛詞みたいなものですね。

友枝　こちらとしては、そう考えると気持ちを持っていけるんです。

馬場　「心の花」というのは古典の世界によく出てくる言葉です。つまり、現実に咲く花、人生に咲く花、花にはいろいろありますが、一番大事なのは心に花があるかどうか。それでその人間の価値が決まるわけですね。ところで、勝修羅の人たちは修羅道には落ちないのでしょうか。そして成《じょう》仏《ぶつ》はどうでしょうか。

友枝　一応修羅に行ってるような話は出てきますし、「跡弔《と》ひ給へと云はんとすれば」とか、「よくよく弔ひてたび給へ」とか、弔うという詞は出てきますけれど。

馬場　たとえ勝っても、跡を弔ってもらわないと修羅道から抜けられないのでしょうか。キリの「花は根に、鳥は古巣に帰る」という詞は、〈忠度〉などにも出てくるけれども、人間も最後はすべて土へ戻ってしまう。結局、もとに戻るだけなんだというのが、人間の死という恐れに対する最大の救いだったのではないでしょうか。

友枝　お能を舞うには体力がいるので、若い頃は体をきっちり動かすことで精いっぱいですけど、経験を積むにしたがい、詞が大事になってきます。いかに体を動かすかではなくて、いかに詞が生きてくるように体を動かすかを考えるようになります。

馬場　それはすばらしいことですね。だからやっぱり能というのは語りで、口だけで語っているときもあれば、舞い語っているときもある。舞語リの場合は、「シカケ」「ヒラキ」「シオリ」などという型の一つ一つの基本的な動きで様々な人生を語っているわけですね。

友枝　〈八島〉にしても〈箙〉にしても、戦っている所作はするんですが、刀を使うのは本当に一瞬ですし、殺陣《たて》をするわけでもない。お能は詞で表現される比重が、動きよりむしろ高いんです。

田村麻呂を勝たせた観音様――〈田村〉

友枝　勝修羅のイメージに一番近いのは〈田村〉でしょうか。平安初期の武官坂上田村麻呂が鈴鹿の鬼神の討伐に行って、清水寺の本尊の千手観音の助けで成就したというストーリーです。

馬場　前半は、桜が美しい清水寺の観音様の威力を謡って、後半はその観音様の力がいかに戦場に作用したかを語っています。詞章が美しくて、謡だけでも充分楽しめます。

友枝　「春宵一刻価千金《しゅんしょういっこくあたいせんきん》、花に清香《せいきょう》、月に影」。前半の清水寺の花の盛りを謡っているところは、やっぱり名曲だと思います。要するにこれは、清水寺の賛美曲ですね。

馬場　どんなお祝いの席にも堪えられます、というほど華やかな謡です。

友枝　前場にも後場にもクセがあるのはたぶんこの曲だけだと思います。クセというのは「曲」と書くんですが、謡の形式の一つです。謡の形式には、「序（クリ）」「サシ」「クセ」などいろいろあって、序とサシには、リズムがありません。謡は、リズムがない「序」「サシ」から始まって、最後は「ノリ」がついてテンポよく終わるというのが一つのパターンです。だからクセの前半は、なんとなくリズムがないような感じだけども、後半になるとリズムよくノっていく。クセという形式はお能ができる以前からあって、それが芸能として広まっていたから、後に能の作者はクセという形式を取り入れて一曲を構成したんじゃないかなと思っています。世阿弥もよく曲舞《くせまい》という言葉を使っています。

馬場　クセのリズムは独特でしょ。あれが当時人気の曲舞節《くせまいぶし》の八拍子です。曲舞女という言葉があるように、曲舞の歴史は静御前のように女が男装をして舞う白拍子舞まで遡ります。

友枝　リズムということで補足しますと、能の場合、リズムというのは、詞のためにあるのであって、舞のためではない。リズムは身体の動きを支配しないですね。能のお囃子は、大鼓と小鼓と太鼓がリズム（打）楽器で、笛だけがメロディ（旋律）楽器です。謡は打楽器とはリズムを共有するときと共有しないときがあるんですが、笛とリズムを共有することはない。笛と共有するとメロディが伴奏になって、その旋律に合わせて謡わなくてはいけなくなってしまうからです。だから笛が打楽器とリズムを共有しているときには、謡はリズムから下ります。逆に謡がリズムを打楽器と共有しているときは笛（旋律）がリズムから下ります。詞にはリズムはあるけれども伴奏はいらない、ということになるでしょうか。
馬場　〈田村〉を勝修羅の一つに分類しているのは、なぜなんでしょう。
友枝　僕は、〈田村〉は脇能にも通じる主題を修羅能という形式に落とし込んだ曲だと思っています。前半には全然いくさの話が出てこないですからね。だから勝修羅三曲という言い方をするけど、そのストーリー自体に似たところは全くない。共通項は、後シテの装束（法被・厚板、半切）、面（平太）が基本的に同じというところだけです。そもそも、シテとして一曲と向き合うということは、お能を分類することとはまた別のことですからね。

頼政《よりまさ》
実盛《さねもり》

死処を見つけた老将

歌人がみせた武人の顔――〈頼政〉

馬場　修羅物には「勝修羅」三曲のほかに「三修羅」といわれているものがあります。〈頼政〉〈実盛〉、それから少し時代が遡った〈朝長《ともなが》〉ですが、この三曲はまったく似ていない。友枝さんは三修羅というくくりについて、どうお考えでしょうか。

友枝　ざっくり言うと、修羅物の中の奥から三つということですね。

馬場　芸事のうえで奥のほう、つまり難しいほうの三つということは、曲目の意味、内容が深くて、ある程度の人生経験や芸歴がないと舞えない、ということですね。三修羅の中で比較的早く演じられるのはどの曲ですか。

友枝　流儀によって違うかもしれないですけど〈頼政〉ですね。

馬場　私は三修羅の中で、人物としては頼政が一番好きなんです。『平家物語』の世界から見ると、源頼政の謀反というのは非常に魅力的です。頼政は源氏ですけれども、義朝《よしとも》のような宗家の武将ではなくて、宮廷武士なんですね。大内守護という役割の家で、歌が非常にうまい。あの五条三位（藤原）俊成がこの頼政を〝歌仙〟と称賛しています。歌の力で位の昇進を何度か図りましたが、最後に平清盛が同情して、従三位《じゅさんみ》という高位に引き上げました。その翌年、「もう私は平家に二心《ふたごころ》ありません」というかのように出家します。にもかかわらず、謀反に走ったところで、大きなドラマになっていった。だから私は、〈頼政〉の前半は絶対に「歌人・頼政」として演じてもらいたいと思いますし、世阿弥も心を遣ってすばらしい初同《しょどう》にしています。

友枝「月こそ出《い》づれ朝日山、山吹の瀬に影見えて雪さし下《くだ》す島〔柴〕小舟《おぶね》、山も川も朧《おぼろ》々《おぼろ》として是非を分かぬ景色かな」ですね。

馬場　そして、後半は反乱軍を旗揚げした七十七歳の軍人。現代だと九十歳ぐらいでしょうか。

友枝　僕はまだ演じたことはないのですが、稽古はしました。前半は歌人のやわらかさで、後半に武人になります。後シテは出てきて冒頭に、「血は涿鹿《たくろく》の河となり〔って〕紅波《こうは》楯を流す〔し〕」と謡う。そのへんの変化は難しいところです。

馬場　戦う人にがらっと変わったということでしょうか。

〈頼政〉後シテ（友枝昭世）。半切・法被という装束の種類は〈箙〉（51頁）と同じだが、文様等でキャラクターの違いを表す。

友枝　逆に、僕は後《のち》が本来の姿というイメージなのかなと思っていました。

馬場　当然そうですよね。どうして反乱を起こしたのかといえば、〝武将〟として戦機を読んだからだと考えています。源義朝が死に、源氏の宗家が壊滅したあとも、自分は清盛の恩顧を蒙って歌人・頼政としても名をあげていた。しかし、清盛の横暴が極まっていく一方で、清盛の義妹・建春門院が亡くなり、息子の重盛が病死すると、平家の衰亡が目に見えてくる。そうすると、源氏の大将としての頼政の血が騒ぐんですよ。自分は七十七歳。今、死んでも自分の歌人としての評価は消えない。平家を討つのは今しかないが軍勢は足りず、必ず負ける。でも、今旗を掲げることで、地方の源氏は必ず立つ。自分の名が歴史に刻まれることがわかっていた。

頼政は、右大臣兼実《かねざね》の日録「玉葉《ぎょくよう》」によれば、そのとき三百騎の手勢のうち、五十騎ほどしか連れていきません。あとの二百五十騎は次男以下のために残しておいたんです。その人たちが、鎌倉の世になって、幕府から丁重な扱いを受けるに違いないことを頼政は知ってるんですよ。頼政が以仁王《もちひとおう》（後白河天皇の第三皇子）から授かり、全国へ撒いた平家追討の令旨《りょうじ》（命令書）は各地の源氏に届き、あちこちから兵が挙がるだろう。そういう計算ができていた頼政はすごい人だと私は思います。

友枝　〈頼政〉の前シテは《三光尉《さんこうじょう》》という一般的な老人の面に水衣《みずころも》の着流しで、まさに老人の扮装ですが、後シテは《頼政》という面に頼政頭巾《ずきん》をかぶり、法被《はっぴ》と半切《はんぎれ》を着ます。面はこのお能の専用面で、頭巾も〈頼政〉だけの使われ方をします。

馬場　《頼政》の面は、眼に金と朱が入っていますね。でもこれは《怪士《あやかし》》などとは別で、私としては現世のもう一つ向うのものを見透かしているような気がしてなりません。『平家物語』に書かれた宇治平等院の戦いでは、頼政は科皮縅《しだがわおどし》の鎧《よろい》という、鹿皮に藍で羊歯《しだ》の紋を染めた瀟洒な軽い鎧を着ています。そして、自分では刀をふるっていません。やはり頼政は死ぬつもりでいたのです。

名宣《なの》らない美学――〈実盛〉

馬場　〈実盛〉もまた、非常に大きなお能ですけれども、筋書きはシンプルです。融通念仏を布教する遊行《ゆぎょう》上人《しょうにん》（ワキ）が篠原という土地で説法をしていると幽霊（前シテ）が現れます。生前の名前を聞いても名宣《なの》らないのですが、どうも篠原の合戦で死んだ斎藤別当実盛の霊らしい。

斎藤実盛という人物について少し説明をしておくと、実盛はもともと源氏の棟梁・源義朝《よしとも》に仕えていましたが、義朝の弟・義賢《よしかた》にも恩義を受けていました。やがて義賢が甥の義平（義朝の子）に殺された時、実盛はその遺児・駒王丸の殺害を命じられます。しかし、わずか二歳の幼子を不憫に思った実盛はひそかに抱えて、義朝の目の届かない山奥の信州木曾の有力者中原氏に預けます。その駒王丸が成長し、やがて平家追討で活躍する木曾義仲となります。一方、平治の乱で主君・義朝が死んでしまったため、実盛は平家に仕えることになり、厚遇されます。当時は武士の倫理などというものはまだなくて、この会社が潰れたからあっちの会社に行こうというような感じで、平家に再就職した侍は五人います。そして平家が義仲を討つことになったとき、この五人が集まって相談をする。幼い頃に命を助けた義仲を頼って行けば、きっと迎え入れてくれる。だけど、それはあまりに恥ずかしい。今度こそ平家の〝侍〟として死のうと決めて、全員討死にするのです。

友枝　これは珍しいことですが、〈実盛〉では「狂言口開《くちあけ》」といって、狂言方が最初に出てきて、今日はここで説法がありますよ、と言います。そのあとワキの遊行上人が出てきますが、すでに狂言が説明しているので、通常のように名宣らずに、いきなり「**それ西方《さいほう》は十万億土**」という読経で始まります。

馬場　説法をしているところへ前シテが出てきて、橋掛りの一ノ松のところで、「**笙歌《せいが》遥《はるか》に聴《きこ》う孤雲の上聖衆来迎《しょうじゅらいこう》す落日の前**」と、静かな重い声で謡う。このシテの出は深々とした実にいい出です。そこでもう感動してしまいますよ。

友枝　ワキがまず厳かな雰囲気をつくっておいたところへ、前シテがふーっと近づいてくるという感じですね。そのあとの「**あらたふとや今日も亦《また》紫雲の立つて候**」も難しい。漢文から急に和文になりますでしょ。〈実盛〉はこの二つの詞に集約されているといってもいいくらいで、大事な謡だと思います。

　そのあとワキが「私以外の人にはあなたの姿は見えないから、みんな不審に思っています。名を名宣ってください」と言います。しかしシテは「名宣る程の者ではありません。今日まで生きながらえて、あなたのような尊い上人と出逢い、浄土の入り口まで来たと喜んでいたのに、なぜ『閻浮《えんぶ》の名』を名宣らねばならぬのですか。戒名だったらともかく、この世の名を名宣るのは嫌です」と言う。

馬場　ワキはさらに「**一つは懺悔《さんげ》の廻心《えしん》たる《〔ともなる〕》べし、唯《〔おことが〕》包まず名を名宣り候へ**」と迫る。「廻心懺悔」

とは、仏教における重い言葉なんですよ。自分の名前を名宣ることによって、自分の罪もなにもかも語らなければならなくなる。ですから、とにかく名宣りなさいと。

友枝　それでようやくシテがワキに近づいて、「昔長井の斎藤別当実盛と申しし者は此の篠原の合戦に討たれて候《〔ぬ〕》」と話し始める。見ているほうは、この翁は実盛に違いないとわかっているんだけれども、ワキが「それは平家の侍隠れ無き弓取《〔弓取っての名将〕》、いや其の軍物語は無益、唯《ただ》翁《〔おこと〕》の名を名宣り候へ」と、もう一回迫るわけです。やがてワキが「おことは実盛の其の幽霊にてましますか」と訊くと、やっとシテが「我実盛が幽霊なるが、魂《こん》は冥途に在《あ》りながら、魄《はく》は此の世に留《とど》まつて」というふうにワキとシテが掛け合っていく。その強吟《ごうぎん》と和吟《わぎん》との掛け合いがドラマチックです。〈実盛〉の前半は、頑《かたく》なに名宣らない実盛像というのがあって、その名宣らない頑固さみたいなものを謡の質感で表していきます。

馬場　やっと自分が実盛だと名宣った幽霊が、篠原の池のほとりで姿を消すところで前半は終わります。前シテの面は《三光尉》ですが、後シテもその面を掛けたまま出てくる。おじいさんが白垂《しろたれ》に烏帽子と白鉢巻をつけ、修羅物の法被《はっぴ》・半切《はんぎれ》を着るので、前シテと顔が同じなわけです。それが私はこのお能を感銘深くする大事なことの一つだと思うのです。

友枝　前後で面が同じという修羅能は、この曲と〈巴《ともえ》〉くらいだと思います。基本的に《三光尉》というのは、幽霊が掛ける面じゃなくて、世をしのぶ仮の姿の老人が掛ける面で、それを後シテに持ってくるのは普通ではない。しかも面以外は〈八島〉と同じ格好だから、白髪を表す白垂が、非常に目をひきます。

馬場　実盛はこの合戦の頃は老人ですが、出陣の前に平家の総大将・平宗盛《むねもり》のところへ行って、私は平家の侍にすぎませんが、この戦いで討死するでしょう。一生の思い出に錦の直垂《ひたたれ》を着ることを許してくださいと頼み込む。宗盛は人情がある男ですから、若手の総大将しか着られないような極上の赤地の錦の直垂を下賜する。そこで実盛は白髪を黒く染め、立派な兜をかぶって出立します。七十を過ぎたおじいさんが、異様な若づくりをして勇ましい語りをするところが、なんとも物哀しいわけです。「死ぬときは若やいで死のうと思う」と言っていますが、私は、自分が夢に描いた大将軍のような死に方をしたかったのだと思います。平家に仕えたけれども、結局、侍大将にもなれな

〈実盛〉後シテ（友枝昭世）。首から上が違うだけで〈頼政〉（58頁）とは全く違った印象になる。

かった実盛の一個人としての美意識とでもいうのでしょうか。

友枝　そういう個人の価値観というか生き様のようなものを、後半では生のストーリーとして語っていくわけですが、それを前半でも背負っていないといけない。幽霊が出てくる修羅物は、死んだところから遡っていくので時系列が複雑ですが、後半では合戦後の首実検のシーンから語り始めます。「さても篠原の合戦破れしかば、源氏の方《かた》に手塚の太郎光盛、木曾殿の御前に馳せ参じ申しけるは《（参りて申すやう）》」のあと、長い長いシテの語りが続きます。

馬場　この語りには、手塚太郎光盛と弟の樋口次郎兼光、義仲と実盛の四人が登場しますね。光盛は義仲四天王の一人で実盛を討った人、樋口次郎は実盛を見知っている人です。

友枝　最初、シテの実盛は死者の視点で首実検を見ています。実盛の首をとった光盛が、「奇異の曲者《くせもの》と組んで首取つて候へ、大将かと見れば続く勢も無し、又葉武者《（侍）》かと思へば錦の直垂を着たり、名宣れ名宣れと責むれども終《つい》に名宣らず、声は坂東声にて候ひし」と言うと、義仲が「あつぱれ長井の斎藤別当にてやあるらん」、それならば駒王丸だった自分を助けてくれたとき、鬢《びん》（耳ぎわの髪）や鬚《ひげ》（あごひげ）はすでにごま塩だったから今はもう総白髪のはずなのに、黒いのは不審だと言う。そして、実盛を見知っている樋口に首を見せると、樋口は涙をはらはら流して「あな無慙《むざん》やな、これは斎藤別当にて候ひけるぞ」と話し始める。実盛は常に「六十に余つて戦《いくさ》せば若殿ばらに争《（と）》ひ先を駆けんも大人気《おとなげ》無し、又老武者《ろうむしゃ》とて人々にあなづられんも口惜しかるべし、鬢鬚を墨に染め若やぎ討死せん」と言っておられた。だから鬢鬚を洗って御覧くださいと言って、シテは立ち上がり実際に首を洗う型になります。

馬場　「御前を立ってあたりなる此の池波の岸に臨みて、水の緑も影映る柳の絲《いと》の枝垂れて気霽《は》れては風新柳《しんりう》の髪を梳《けず》り」というあたりは謡も型もいい。柳を髪にたとえていますね。

友枝　扇で水をすくってかけるような型をします。お能の型ですから写実的ではないのですが。

馬場　でもリアルに見えるから不思議なんですよ。抽象というものはやはりリアルを感じさせなければ、抽象ではない。鬚を洗うと墨が流れ落ちて「もとの白髪《はくはつ》となりにけり」というところも、いい役者がやると墨が流れているのが見えますから。

友枝　ここはずっと座って語っていたシテが、立って最初に動いていく型でもあるので、やっぱり印象深いですね。

馬場　見どころの一つですね。名宣らない実盛は、できれば義仲と組み合って死にたい。立派に成長した義仲に殺されることこそ本望。つまり、義仲にこそ自分が実盛であることを知られたかったのだと思います。そして、みんなが感涙にむせんだ後からクセになります。

友枝　ここも難しいところです。ところで、ちょっと専門的な話になりますが、〈実盛〉のクセの重量感はリズムと関係があります。それは謡の文句とも関係しているのですが、謡の文句というのは七五調で、上七文字・下五文字を一句として、それを八拍子で謡っていく、というのが基本です。

ところが上の句が七字に満たない時も当然ある。その時に足りない文字分は、前の句の終わりの音を引っ張ることをするのです。

馬場　例えばクセの「実盛生国《しょおこく》は」という一句は、上四文字・下五文字としているので、上の句の三文字分の不足を前の句の「本文《ほんもん》あり」の「り」の音を「りィー」と引っ張って七文字分の間を取るわけですね。

友枝　そうです。ですから上の句の文字が少ない句が続くと、引っ張る音が続くわけです。一方、囃子方はこれに合わせて「ヤチ（ヨォーッ）」などの掛け声で間をとります。それらが入ることで非常に重いものを引きずっているような感じになるのですね。〈実盛〉のような曲だと重厚感をつくることが大事ですから、むしろ意図的にこのような句割り——一つの長い文章を句で割っているのではないかと思います。

馬場　なるほど。いいですね。作者である世阿弥は演者でもあるのですから。

友枝　実は〈実盛〉や〈羽衣〉のような曲は、五流で句割りに大差がないんですよ。それはもう変えようがないところまで完成しているからでしょうね。しかも〈実盛〉のクセは重厚感だけではなく、さらに躍動感も必要なので、とても難しいのです。

馬場　〈頼政〉は源頼政が歴史上の一人物として描かれているけれど、〈実盛〉は斎藤実盛という個人がどう生きるか、そしてどう死ぬかというところや、その心意気を表現しているから、深さが違うかもしれません。
友枝　そういう意味で、作品としては例えば〈景清《かげきよ》〉とか〈鉢木《はちのき》〉のような人間性を表現する曲とつながっていく気がします。
馬場　〈鉢木〉と〈実盛〉の違いを考えると面白いですよ。〈鉢木〉は鎌倉幕府という武家政権が成立したあとの侍の生き方で、〈実盛〉はその前。侍としての生き方が実に個性的ですもの。
友枝　〈実盛〉は謡の量がすごく多いうえに型が続くから、体力的な負担も相当なものです。僕らは小さい頃から〈実盛〉を見ているのですが、実盛がどういう人か知らないのにもかかわらず、とにかく〈実盛〉というお能はおそろしいと思っていました。
馬場　おそろしい曲ですか。やはり心構えのできた、ある年齢に達した人たちでなければ演じられないでしょうね。
友枝　聳え立つような、見上げるような大曲です。最初の「笙歌遙に聴う」は、余程の覚悟がないと謡えないと思っています。

この現実を生きる

小原御幸《おはらごこう》
景清《かげきよ》

源平の争乱を生きる

六道を見た女院――〈小原御幸〉

馬場　今回は源平の戦いの後日譚ともいえる曲を取り上げます。まず、〈小原御幸〉は〈大原御幸〉と書く流儀もありますが、いずれも読みは「おはら」です。諸行無常で始まった『平家物語』の閉じ目が大原御幸で、『平家物語』では建礼門院の大原入り、後白河法皇の大原御幸、そして六道という三つの章を灌頂巻《かんじょうかん》と呼んでいます。灌頂は菩薩が悟りを開いて仏になるとき、頭に水を灌《そそ》いで仏法の最高位を獲得したことを証するという仏教的な言葉で、もっとも大切な巻にあたっているということです。

友枝　お能では最初にワキツレの大臣が登場して、後白河法皇が大原の寂光院に行幸されるという説明をしたあと、一旦ひっこんで、藁屋の作物《つくりもの》が出されます。舞台が大原に変わり、藁屋の中にはシテの建礼門院がいて、その隣にツレの阿波《あわ》の内侍《ないし》と大納言の局《つぼね》が座っています。実は、喜多流は藁屋が小さくて一人しか入れないので、ほかの二人は外に座りますが、大きい藁屋に三人が入っているお流儀もあります。シテとツレは花帽子という尼さんの被り物に《小面《こおもて》》をつけていることが多いです。花帽子の内側にきれいな小面がすこし見えて、それが三つ揃った人形のような雰囲気でお能が始まります。

〈小原御幸〉後シテ（友枝昭世）。花帽子が《小面》の美しさを際立たせる。

馬場　建礼門院は安徳帝の母といってもまだ二十台ですから、小面でいいと思います。ただお供の二人は《曲見《しゃくみ》》のほうが舞台としては合いますよね。女院の装束について教えてください。

友枝　真っ白に紫の水衣を着ることもありますし、地味な唐織に水衣ということもありますが、白というイメージが強いですね。藁屋の引廻しが下ろされたあとのシテの最初の謡「山里は物の寂しき事こそあれ、世の憂きよりはなかなかに、住みよかりける柴の局《とぼそ》」から建礼門院の暮らしぶりと、非常に寂しい大原の雰囲気をつくりあげていきます。

馬場　このあたりは『平家物語』の和漢混淆体のもっとも美しい文章をそのままとっているので、非常に気品があるんですね。よく〈小原御幸〉の建礼門院、〈楊貴妃〉の楊貴妃、〈定家〉の式子《しょくし》内親王を、最高級の気品がある女シテという意味で「三婦人」といいますが、いまの場面でそれをきちんと出さないといけないわけですね。そのあと女院と大納言の局が後ろの山に出かけるところで前半が終わり、中入後、法皇と大臣が出てきます。法皇はシテツレですが、気品と貫禄がなくてはいけない。法皇ができる役者がなかなかいなくて、だからこの曲をやらないというシテ方がいるくらい、大変な存在です。ワキ方の故・宝生閑《ほうしょうかん》さんが、ワキの道行のところで、謡も独特のもので、池の浮草を見る型や山杜　鵑《やまほととぎす》を見る型を入れられたんですね。ワキがあんなに動いたのを初めて見ましたが、法皇の御幸を非常に華やかに見せて、忘れがたい舞台でした。

友枝　一声《いっせい》で出てきたワキの謡は、ワキ方の個性が出るところで、特に「山　鵑《やまほととぎす》の一声《ひとこえ》の」の「山　鵑」の節謡《ふしうたい》なんかはすごく面白いところです。そのあとの「法皇池の汀《みぎわ》を叡覧あつて、池水に汀の桜散り敷きて、波の花こそ盛なりけれ」という法皇の謡はほんとに短いですが、存在感がある謡です。法皇と中納言が女院の庵室（藁屋）に着くと、留守番の阿波の内侍が座っています。法皇に女院はいつ帰ってくるのかと問われ、「山の峭伝《そわづた》いを今歩いています。花筐を臂《ひじ》に掛けておられるのが女院で、爪木に蕨を持ち添えているのが大納言の局です」と答えたあと、水衣を着て花籠を持った女院と大納言の局が橋掛りへ出てきます。

馬場　藁屋の女に法皇がお前は誰かと尋ねると、「これは信西《しんぜい》が女阿波《むすめ》の内侍が成れる果にてさむらふ」と言う。これを聞いた法皇はショックだったはずです。なぜなら、阿波の内侍は法皇にとっては乳母子《めのとご》、つまり乳兄弟だったからです。

友枝　後シテが一ノ松で謡う最初の謡は「昨日も過ぎ今日もむなしく暮れなんとす、明日をも知らぬ此の身ながら」と低いところから始まり、「極重《ごくじう》悪人無多《むた》方便……」というお経の文句で結ばれ、そのあとを地謡が引き継いで、女院と局が舞台へ出てきます。そしてロンギ「さてや御幸の折しもは、如何なる時節なるらん」から一気に華やかになっていく。ロンギの前の暗いところでしっかり雰囲気をつくっておくと、華やかなところが一層引き立っていくんですよ。

馬場　ロンギはすべて美しい詞《ことば》で書かれていますね。「朧の清水月ならで」「遠山に懸る白雲は、散りにし花の形見かや」「夏草の茂みが原のそことなく」とか、季節の歌枕が全部出てきて、耳から聞いていても初夏の大原の美しい風景が目に浮かぶようです。しかしそのあとに、「さいつ頃或人の申せしは、女院は六道の有様正《まさ》に御覧じけるとかや、仏菩薩の位ならでは見給ふこと無きに不審にこそ候へ」という法皇の怖い言葉があります。法皇が大原を訪問したのは、ただ女院を慰めるためではなく、女院が六道を見たという噂が本当かどうか確かめに来たんだと思う。これに対して女院は、法皇は仏教上の大きな質問をされているかもしれないけれど、私個人のこととしてお話しましょうと言って、後白河法皇に滅ぼされたともいえる平家の運命を語る。そこに、法皇に対するある種の抵抗が無かったはずはなくて、ここは女院の位の示しどころだろうと思うんです。

六道の一つ極楽などの天上生活から人間道の五衰必滅の世界に堕ちて、クセの謡の通り、まず西海の海に沈み、海水でご飯が炊けず食べられなくて餓鬼道に堕ち、一の谷の修羅の巷となる合戦で十人の公達《きんだち》を失い、壇ノ浦では阿鼻叫喚の修羅道。畜生道には諸説ありますけれども、「駒の蹄の音聞けば」とあるので、人馬入り乱れてということでしょうか。これを聞いた時、法皇は負けたんですね。法皇も加担した戦いを受け止めて。それだけの体験をした人に、自分の法体としての修行などとても追いつかない、ということに気がつく。その時の言葉が「真に有難き御心かな」になり、先帝のほうへ話題をそらしていくわけですが、ここからの語リがもう一つの大きなテーマになっていきます。

友枝　地謡の重厚なクセがあって、先帝の有様を物語ってくれという法皇の詞を一つはさんでシテの語リが始まる。演出的にも面白いところかと思います。

馬場　このシテの語リが一曲の山、本命ですね。

友枝　そうですね。建礼門院が見たこと、つまり平教経《のりつね》、知盛《とももり》、二位殿に抱かれた安徳天皇が次々と海へ入っていき、自分も海に沈んだところを源氏の武士に引き上げられてしまった経緯をずっと一人称で語ります。

馬場　私も友枝喜久夫さんの語りをＮＨＫでテープですが聞いたことがあります。低い抑えた声で、時間をかけてたっぷりと語られたのが感動的でした。一語一語に情があって、感動が内にこもっていました。建礼門院が語っているような気がしましたよ。この語りは相当経験を積まないと難しいでしょうね。友枝さんはいつ頃？

友枝　この語りができるようになったと自分で思えたら、やりたいですね。（笑）

馬場　最後に蛇足ですが、文治三年、源頼朝は女院に宗盛の遺領を贈って生活を保障しています。若き女院は寂光院で五十八歳まで生き、頼朝の死も頼家の殺害も見とどけ、さらに実朝はその六年後に殺されます。ということは、独り生き残った平家の女人が、源氏の滅亡を大原の里からじっと見ていた。感慨無量という気がします。

盲目の父が娘に語る錏引《しころびき》――〈景清〉

馬場　〈景清〉は、壇ノ浦の合戦で生き残った景清の後日譚ですが、景清は俗に悪七兵衛《あくしちびょうえ》景清と呼ばれています。この悪というのはワルではなくて、常識を超えた力を持っている人に悪という字を被《かぶ》せて呼んだものです。宮崎市の生目《いくめ》神社は、景清が、自分の見るべき世の中はもうないといって自分の眼玉をくりぬいて投げ、落ちたところに建てた神社といわれていて、景清廟と景清の娘人丸のお墓があります。私が仕事で行ったときも、お墓にお花が供えられていて、宮崎の人は景清を大事にしているんだなと思いました。

お能の〈景清〉は、錏引《しころびき》で知られる剛勇無双の景清に娘がいたという意外性をベースに、娘が御供を連れて旅に出てくる登場シーンなど、人情劇としてもいかにも四番目物らしいと思います。

友枝　最初に引廻しの藁屋にシテの景清が入って出てきます。鎌倉から宮崎まで、景清を探ねてやってきた娘の人丸と供の男は、藁屋から「松門《しょうもん》独り閉ぢて、年月を送り、自《みずか》ら清光を見ざれば、時の移るをも弁《わきま》へず……」という声がするのを聞きとがめる。この謡を「松門の謡」といって、引廻しの中で謡われるから聞き取りにくいのですが、十四世喜多六平太先生は「聞きどころではないけれど謡どころ」というような言い方をされています。

馬場　それはいい言葉ですね。松門の謡のなかに景清の全人生が入っているわけですよね。

友枝　はい。源氏の世は見たくないと言ってわざと自分の眼を盲《めしい》てしまう景清の強さ、古武士の頑固さ、平家武士のプライドがあります。この景清には、髭を生やして目を閉じた《景清》という専用の面《おもて》を使います。それに出家の角帽子《すみ》を被り、黒の水衣に白の大口を着ています。黒の水衣を着るシテは、景清と〈安宅〉の弁慶くらいですね。

馬場　観世流は髭無しの《景清》、着流しの水衣というのが普通です。内容からいくと、喜多流の扮装のほうが景清らしいと思いますが。

友枝　松門の謡のあと、娘と供の男が藁屋に来て、悪七兵衛景清を探していると言うと、そういう名前は知っているけれども盲目なので見たことはない、他所で聞いてくれと言って自分は景清ではないふりをします。

馬場　一方で、景清はいま訪ねてきたのが自分の娘であることに気がつく。そのあとの「名宣《なの》らで過ぎし心こそなかなか親の絆なれ」というところで、孤独な松門の謡には見えなかった、景清のもろい心に気づかされて、感動的な場面の一つに思われました。それから里人（ワキ）と従者との問答があって、さっきの藁屋の男が景清であることがわかり、再び景清を訪問する場面になりますが、ワキが「此の藁屋《（なうなう）》の内に景清のわたり候か」と藁屋の柱を扇で打つところは、ワキ方の演技のしどころですね。

友枝　このときには、景清はまだ娘が戻ってきたことを知らない。それで「喧《かしま》し喧し」と怒ったと思えば、「此の仕儀なれば身を恥ぢて、名宣《なの》らで帰す悲しさ」で親としての人情が出てきて、「千行《せんこう》の悲涙《ひるい》袂《たもと》を朽《く》たし、万事は皆夢の中《うち》のあだし身なりと打覚めて、今は此の世に亡き者をと思ひ切つたる乞食《こつじき》を、悪七兵衛景清なんどと呼ばばこなたが答ふべきか」と一気に言う。僕はここが好きです。

馬場　「喧し喧し」と文字を読むと「うるさいうるさい」と言っているようだけれどもそうではなく、娘が訪ねてきたのに会ってやれない悲しみを秘めた怒りですね。そういう景清ですが、自分はこの土地の人のお世話になって生きているということに気がついて軟化していく。前半のクライマックスは藁屋の内の型どころですよね。この型は演者に任されているんですか。

友枝　ある程度は型が決まっています。立ち上がって藁屋の柱にすがって外の波音を聞く。そして「さすがに我も平家なり」で藁屋から出てきて、「物語始めて御慰みを申さん」と言う。景清は平家語りを始めた人ともいわれています。

馬場　そう、平家を語って御扶持《ふち》をもらっていたわけです。そして里人の斡旋でついに娘と対面をすることになりますが、ここは両方座っているだけなんですね。シテの「御身は花の姿にて」という謡はいいですね。盲目の面の窪んだまなこで娘をじっと見るんですね。このあたりの情感はなかなかのものです。

友枝　景清は盲目なので、見えないけれど見ているというふうに面を使うときと、わざと外しているけれども気持ちのなかでは見てるというふうに使うときとがある。そのへんの面の使い方が難しいですね。

馬場　娘が屋島での父の活躍を聞きたいというので、シテが「いで其頃は寿永三年三月下旬の事なりしに、平家は船源氏は陸《くが》、両陣を海岸に張つて互いに勝負を決せんと欲す」と戦語リを始めるわけですが、このへんが後半の最大の山場になります。
友枝　景清の錏引は、『平家物語』で一番の武勇伝で、〈八島（屋島）〉にもありますが、あちらは義経の語リであって、景清の一人称語リはここしかない。地謡の「景清これを見て、物々しやと夕日影に」で、床几《しょうぎ》に掛かっていたシテが拍子を踏んで立つんですが、リズムを微妙に外して踏みます。そして「打物閃《ひらめ》かいて斬ってかかれば」で、扇で左右へ斬り払う。

〈景清〉扇を錏（しころ）に見立てて、三保谷の錏を引く場面（友枝昭世）。

馬場　先代の喜多六平太先生のこの場面は有名で、映像にも残っているんですが、どんなに見てもわからないと言われています。左右へ斬り払うところでは、よく扇の先が刀になって光っていたと言われますけれど、ほんとに光るんです。一度しか見ていませんが、忘れがたい舞台でした。三保谷《みほのや》の錏引の場面も、あまり型はないけれども、大合戦をしているようなイメージですよね。

友枝　「兜をおっ取りえいやと引く程に錏は断《き》れてこなたに留れば」のところは、扇でえいやと引っ張るんですけど、そのあと錏がぶつっと切れたときの表現のほうが難しいと思います。次の「三保の谷が頸《くび》の骨こそ強けれと笑ひて、左右《そお》へ退《の》きにけり」でシテが扇で自分の首をちょっと叩く。そこにも個性が出ます。それがきっかけになって和吟になっていくことで、それまでのごつごつした感じがゆるんで行きます。

馬場　最後に娘を返すときに娘の肩に手をかけますね。六平太先生は足を止めて、肩に手をかけてシテ柱の近くまで共に行き、ぽんと叩いて別れのつらさを出していました。

友枝　突き放すようにする、肩に触れるだけ、いろんなやり方があって面白いですね。

馬場　これも蛇足ですが、壇ノ浦の戦いから景清はどうやって逃げたのか、私はつねづね疑問に思っています。景清伝説があまりに多いのは、逃げ上手だったからで、戦の時代には、いかなる場合も死なない人は憧れだったのでしょうね。

友枝　それが〈景清〉というお能ができてくるもとになっているんでしょうね。

烏頭《うとう》〔善知鳥〕
藤戸《ふじと》

殺生をした手の記憶

猟師の嘆き「何しに殺しけん」――〈烏頭〉

馬場　今回は、いわゆる四番目物といわれる曲の中から、〈烏頭〉と〈藤戸〉を取り上げますが、「ウトウ」というのは鳥の名前です。鳩くらいの大きさで、繁殖期になると嘴の上に突起が出てきて、その突起をアイヌ語でウトウというそうです。青森市の安方《やすかた》というところに善知鳥《うとう》神社があり、烏頭中納言安方が祠を建てたのが始まりとされています。喜多流では「烏頭」と書きますが、他流では「善知鳥」と書く。鳥の名前としても善知鳥のほうが一般的のようですが、なぜこういう字をあてているのでしょうね。

それはともかく、〈烏頭〉は鳥を捕って生計をたてている猟師の話です。初めに旅僧が出てきて、立山禅定《ぜんじょう》をしてから陸奥の果てまで行脚《あんぎゃ》をしようと思うと言います。立山で修行をして地獄を見るというのは修行者ならだれもが憧れることだった。そこへ、シテの猟師が登場します。

友枝　喜多流は最初の「なうなう《ノーノー》〔あれなる〕御僧に申すべき事の候」という呼掛を幕の中で謡います。この声が大事ですが、なにせ聞いたことのない幽霊の声ですから難しいですね。

馬場　そしてシテは、自分は去年の春に身まかった外の浜の猟師で、陸奥へ行くのなら、妻子に蓑と笠を届けてほしいと頼みます。ここで観客は幽霊だということを知るわけですね。当時の仏教的な見方からすると、幽霊に声をかけられるというのは実に斬新なアイデアで、当時の人もどっきりした場面じゃないかと思います。するとワキ僧が、それはたやすいことだが、あなただという証拠がないと、と言うので、シテは着ている麻衣の袖を引きちぎって渡すわけですけれど、あれはどういう仕掛けになっているんですか。

友枝　いまは尉髪《じょうがみ》の白い毛を糸替わりにして袖を止めています。引っ張ると、切れるというより糸が抜けるんです。昔の本には松葉で留めると書いてありますが、脂《やに》がついてしまうので。これはこぼれ話ですけど、左袖を引くのに、まちがって右の袖に加工をしてしまったので、力まかせに引き裂いたという話が残っています。

馬場　あの場面はこの一曲にしかないので、見た時の衝撃が強いですね。

友枝　この能の前場では、シテは舞台に入らないんです。橋掛りを歩いてきて、シテ柱ぎりぎりの所で袖をワキに渡すんですよ。
馬場　橋掛りと舞台の境が、あの世とこの世の境目ということですね。
友枝　はい。インパクトのある演出なので、シテ方としては助けられますね。
馬場　前シテの面は《小尉《こじょう》》ですね。〈阿漕《あこぎ》〉の漁夫や〈鵜飼〉には《三光尉》を使いますし、観世流では《朝倉尉》が多いのに、なぜ喜多流では小尉なんですか。
友枝　たしかに小尉は〈高砂〉とか脇能の前場の老人に使うのがふつうです。小尉は色白のすっきりした老人、三光尉は日焼けした労働者風。最大の違いは唇の上の髭で、小尉は筆で描いてありますが、三光尉は毛が植わっています。これは推測の域を出ないんですが、〈烏頭〉に小尉を使うのは人間離れしたところを表そうとしているのではないかと思います。あるいは昔の小尉は今よりも

〈烏頭〉前シテが袖を引きちぎる場面。

っと人間離れした恐ろしい顔つきだったのかも、とも思います。〈天鼓《てんこ》〉の前シテも喜多流は《小尉》を使いますね。

馬場　坊さんは袖を受け取って懐中し、シテは橋掛りを戻る。この曲は、初同のあとすぐ中入なんですね。あっさり、しっとりしていていいですね。妻（シテツレ）と子ども（子方）はいつ出てくるんでしたっけ。

友枝　喜多流では最初から出置《だし》キでツレと子方がワキ座に出ています。話の筋から行くと後から出てくるはずなので、能楽堂ではない、たくさん人が入るホールなどではそうすることもありますが。シテの中入の間に、ワキ僧が外の浜の猟師の妻子がいる家へやってきて、訪ねた理由を語ります。そして僧が懐中している袖を出して、妻が持っている形見の着物と合わせて「よく見れば、疑《うたがい》も夏立つ今日の薄衣」でぴったり合った。ここだけ夏という季節が強調されているのですが、意味があるんでしょうか。

馬場　私も今気がつきました。もしかしたらウトウの子育て時期にあたるんじゃないですか。わかりませんが、このへんしっとりしていていいですよね。そのあと後シテが「陸奥《みちのく》の外の浜なる呼子鳥、鳴くなる声はうとうやすかた」と言って出てくるわけですけれど、後シテは黒頭《くろがしら》ですね。

友枝　《痩男《やせおとこ》》の面《おもて》に黒頭、無地熨斗目に白い水衣を着て、喜多流は羽蓑《はみの》といって、これにしか使わない鳥の羽でできたエプロンみたいなものをつけます。

馬場　あの羽蓑は罪深い感じがして有効な扮装だといつも思っています。シテはそのあと「一見卒塔婆永離《よおり》三悪道」、「紅蓮大紅蓮《ぐれん》」「焦熱大焦熱《しょうねつ》」といった言葉を連ねて地獄のことを謡い、「此の身は重き罪科《つみとが》の、心はいつかやすかたの、鳥獣《とりけだもの》を殺しし衆罪如草露《しゅざいにょそうろ》」と内省する。ここの「鳥獣を殺しし」の一言が観客にはいちばん響くんじゃないかと思う。地獄に堕ちるのを恐れて、坊さんに助けを求めているということはわかりますけれど、ここの謡をどう聞いたらいいのでしょう。

友枝　《痩男》のものはみんなそうですが、胸に抱えた恨みをくどくど謡っていくので、声の出し方が難しいです。「鳥獣を殺しし」の前までは〝拍子ニ合ハズ〟ですが、ここから〝小ノリ〟になるんですね。僕の中のイメージは、恨みや後悔を自分の中で連ねていたのが、「鳥獣を殺しし」という言葉からワキ僧に向かう方向性が出てくる。続く「恵日《えにち》の日に照らし給へ御僧」はほんとうに助けて下さいという気持ちなんだと思います。

馬場　その後の同音は、どんな所に住んでどんな暮らしをしていた猟師なのかが和語で語られます。「奥に海有る松原の、下枝《しずえ》に交る汐蘆《しおあし》の、末引きしをる浦里の籬《まがき》が島の苫屋形《とまやかた》、囲ふとすれど疎《まばら》にて、月の為には外の浜」屋根板が疎らでお月さまの光が洩れてくるような住まいで侘しい暮らしをしながら、殺生をして生きていたという、哀切感が迫って実にうまい同音だと思います。次のシテの謡が独特で、「あはれやげに古《いにしえ》は、さしも契りし妻も子も、今はうとうの音《ね》に泣きて、やすかたの鳥の安からずや」とあって、次に「何しに殺しけん」とあるでしょ。ここだけ当時の口語なんです。文語の中にたった一言口語が入ってくる。現代短歌も文語の中に口語を入れたり、口語の中に文語を入れたりしますけれど、口語にすると、なぜ殺してしまったんだという本音の声が響くんですね。

友枝　僕らもこの「何しに殺しけん」は、大事に強く謡いますね。ここだけは気持ちが直球なんですよね。

馬場　それだからこそ、そのあとの「千代童《ちよどう》が髪をかき撫でてあら懐かしやと云はんとすれば」というのが生きてくるんです。親子の人情がぐんと高まって息子の頭を撫でようとするんだけれど、「横障《おうしょう》の雲の隔《へだ》てか悲しやな」現世とあの世の者は手を触れあうことができない。見る者の心をつかむ場面ですね。

友枝　後シテは杖を使いながら、頭を撫でようと子どもに近づいていく。すると子どもはすっと下がる。シテの「あら懐かしやと云はんとすれば」という謡と型とがうまく決まると「横障の雲の隔てか悲しやな」という地謡もうまく出てくれる。

馬場　そのあと、笠づくしの謡で少しなごませたあと、ぐんと締まってサシ謡になります。「とても渡世を営まば、士農工商の家にも生れず、又は琴碁《きんぎ》書画を嗜む身とも成らず」これはすごい言葉ですね。当時の社会制度の外の人間だった。しかもはっきりと「唯明けても暮れても殺生を営み」と言っている。謡曲の中でこんなことを言うのはこの曲だけです。

友枝　〈烏頭〉は全体を通して詞章が凄惨で、血が出ている感じがすごく強いですよね。

馬場　士農工商という制度の外では、殺生をしないと生きられない。しかしまた一方では、獣や鳥を追う仕事は苦しいばかりではない。「鹿を追ふ漁師は、山を見ずといふ事有り、身の苦しさも悲しさも、忘れ草の追鳥《おいとり》」わが身を忘れるような楽しみもあって、その中に身を投じてしまって「報《むくい》をも忘れける事業《ことわざ》を為《な》しし悔《くや》しさよ」と、ここまで持って行く。

友枝　序、サシ、クセのここまでシテはジッと座っているんですが、「報をも忘れける」というところでハッとしたように手を打ち合わせて安座します。ここまで動かなかった意味がこの型にちゃんと出てこないといけないですね。

馬場　この後のクセでは、鳥の殺生はいろいろある中でも、ウトウという鳥は、平地に卵を産み育てるので、敵に見つからないように子どもを隠そうとするけれど、親が「うとう」と鳴くと子どもは「やすかた」と答えるので、すぐに見つかって捕られてしまうということが謡われます。そしてクセに続いて独特のカケリが入りますが、実にリアリティがある型ですね。

友枝　後場になる時にワキが正先《しょうさき》（舞台の正面前方）に笠を置きます。カケリではこの笠がいわばウトウの巣という設定になっていて、一回杖で叩いて逃げられ、もう一度遠くから近づいていって今度こそ捕まえる。そこで拍子を踏むと、大鼓のイヤーっという声が入るんですけど、これが僕には鳥の絶命の声に聞こえるんです。

馬場　子どもを捕られた「親は空にて血の涙を、降らせば濡れじと菅蓑《すがみの》や、笠を傾け」、ここでやっと蓑笠が出てきて、前場で蓑笠を手向けてくれといった意味がわかる。血の涙をよけるために必要だったのだと。そのあとも特殊な型が続いて「羽脱《はぬ》け鳥の報か」で一段落つくんですが、そのあともう一度犬鷹に追われる地獄があって、「助けてたべや御僧」で消えていく。おまけが次々ついているような気がします。キリは舞い手の技と品位が見える型で、あまりリアルでもいけないし――。

友枝　舞い手には技術（技《わざ》）とセンスが必要ですが、〈烏頭〉はまず技術がないとだめなんです。

馬場　〈烏頭〉には、いろいろな矛盾を抱えて生きている人間の哀れさが出ています。しかし、この人が救われなければ可哀想じゃないかと思わせておいて、最後まで救われていない。そこが現代に近くて、現代を感じさせる曲ではないかと思っています。しかも最後まで文言を追ったリアルな型があって、最高の見せどころを用意している。能の中に〈烏頭〉があることは素晴らしいと思います。

母が訴える「我が子返させ給へ」――〈藤戸〉

馬場　〈藤戸〉は、源平の合戦の源氏方、佐々木三郎盛綱《もりつな》に関わる曲です。藤戸は現在の岡山県倉敷市にある古戦場で、いまは地続きになっていますが、当時は海の中にたくさんの小島がある場所でした。藤戸の戦いでは、平家は平資盛《すけもり》が児島に、源氏は頼朝の弟範頼《のりより》が藤戸に陣を置いていました。両陣の間は五百メートルくらいの距離だったけれども、源氏は船が調達できなくて、馬で渡ろうと考えていたときに、盛綱が浜辺を歩いていた漁師をかたらって、浅瀬の道を聞き出し、海を渡って先陣を挙げた。この恩賞で盛綱はこの地を得た。〈藤戸〉の話はそこから始まります。

能舞台にまず登場するのは、盛綱（ワキ）と二人の従者（ワキツレ）で、領主になって入部した盛綱は、善政をしこうとして、訴訟のある者は名乗り出よと言う。そこに一人の老女が現れます。これが前シテですが、喜多流ではどんな面《おもて》をつけるんですか。

友枝　《曲見《しゃくみ》》を使います。格好は色無《いろなし》の厚板（唐織のことも）着流しで、〈黒塚〉とほぼ同じです。息子を殺された漁師の母ですから、どちらかといえば地味ですね。

馬場　子方《こかた》を連れて出てくることもありますよね。

友枝　孫を連れて来るという演出ですよね。見たことはありますが、いまはほとんどやりませんね。

馬場　一ノ松に出てきたシテの詞《ことば》が初めからすごいですね。「此の島のお主《ぬし》のお着と申すは真《まこと》か」なんていきなり言われたら、びっくりするんではないでしょうか。

友枝　人をかきわけかきわけ前へ行く感じで出ていかないと、この謡とつりあわない。謡い掛けといって一声《いっせい》のお囃子が終わらないうちに謡い出すのも、気持ちが前に出ているからです。ただ、このあたりは他流とはすこし違っているかもしれません。
馬場　そして「思ひ子を失ひ給ひし人なれば」と言い、恨みの詞を連ねて、「盛綱を見て涙を流す」なんてどういう人かと思いますよね。ここは陰惨な謡ですか。
友枝　「弥猛《やたけ》の人の罪科《つみとが》は皆報いぞと思へども〔言ひながら〕」と言いますね。弥猛（矢竹）の人は武士のことで、武士なら人に殺されても仕方ないけれど、自分の子は漁師なのに殺されたのが情けなく悔しいと。この時代の漁師の母親なら、ふつうは泣き寝入りしそうな話なのに、許さないという母の意思の強さが謡の中にないといけないですね。
馬場　初めて見る人には、一種の恨みの気味悪さがありますよね。藤戸の道を教えて殺されたのは私の息子ですよ、と言われて、新任領主の盛綱のほうがすこし引いた感じで「ああ音高し、何と何と」と言う。すごいなと思うのは女の次の謡で、いまだったら法廷で弁護士が語るような条件をいきなり出している。こういう女を中世に登場させたことに驚きます。
友枝　初めから喧嘩腰ですよね。
馬場　それを慰めるようにしっとり地謡が出てくるのでほっとしますが。盛綱はすぐに「此上は何をか隠《つつむ》すべき」と言って、漁師を殺したときのことを正直に語ってしまう。素直な人ですよね。この語りは、ワキの一番の語りどころでしょう。『吾妻鏡』によると盛綱と漁師は裸で海に入ったのですが、盛綱は他言されてはまずいと思って漁師を「取って引き寄せ、二刀《ふたかたな》刺し」海に沈めて帰ってしまう。「二刀刺し」と聞いた母はぎくっとするのですか、ただ泣くのですか。

友枝　謡本には何も書いていないのですが、ざっくり言って、自分のことのように痛い！と思ってぎくっとする、逆に、殺されたことがわかっているので、はあーっと深く息をつく、この二パターンかなと思います。

馬場　ワキは「よしよし何事も前世《ぜんせ》の報と思ひ候へ、跡をも弔《とむら》ひ又は妻子をも世に立てうずるぞ、今は怨《うらみ》を晴れ候へ」、弔いをして妻子の面倒をみるといっているから、和解が成立したようですが、そうはいかないんですよね。

友枝　シテが我が子を沈めたのはどこかと尋ねると、ワキが浮洲《うきす》の岩の少しこなたの水の深みに死骸を深く沈めたと言うので、シテは、目付柱の少し左のほうに浮洲の岩がある感じで、そちらを見ます。我が子が死んだ大事なところで、後シテになってもその場所は同じです。

馬場　居グセのあと、シテが私もいっそ殺してほしい「亡き子と同じ道になしてたばせ給へ」と言って「人目も知らず伏し転《まろ》び、我が子返させ給へやと現《うつつ》無き有様を見るこそ哀なりけれ」。ここの台詞《せりふ》はすごいですよ。「我が子返させ給へ」のところは、いろいろな型がありますね。

友枝　「なしてたばせ給へ」のあたりで、床几に掛かっているワキへ右肩でつっかかると、ワキがそれをえいと突き放すので、シテがよろけて床に膝をつくのですが、またそのまま迫っていき、最後は崩れ折れて泣く。

馬場　膝をついてから、前がはだけないように膝行するのが難しいでしょうね。このごろのシテはみんなきれいに出て行きますね。昔の人は前がはだけてもいいから、どんどん出て行けと教えていました。

友枝　見ている人は前が割れても気にしないでしょうけど、昔とちがって今は、写真や動画に残るので……（笑）。

馬場　それは面白い話ですね。盛綱が、老女を私宅に送りなさいと言ったところで中入になります。後シテは、殺された漁師に変わります。後シテの扮装は？

友枝　《痩男《やせおとこ》》の面に黒頭《くろがしら》、紺の無地熨斗目に白の水衣、腰蓑。そして杖をついて出てきます。〈烏頭《うとう》〉（善知鳥）〉とほぼ同じです。喜多流にはないですが、《二十余《はたちあまり》》という専用面もあります。

馬場　シテは漁師の男ですけれど、「水烟波濤《すいえんはとう》に暮れては閻浮《えんぶ》の春を知らず」といった格調の高い漢詩文が入ります。そうすることであとの和文が生きるのですね。ここは和吟ですが、陰惨な気持ちで謡うんですか。

友枝　「憂しや思ひ出でじ、忘れんと思ふ心こそ、忘れぬよりの思なれ」というのは、自分に向かっている台詞のようですが、しだいに理不尽な死をさせたワキに対するがっちりとした恨みになっていきます。

馬場　海路《かいろ》の瀬踏みは三途の河の瀬踏みだった、なんてすごい言い方をしています。

友枝　この「海路の瀬踏《しるべ》、思へば三途の河瀬《瀬踏》なり」は強く謡う。太鼓方の観世流では、「瀬踏」という句にイヤーという太鼓の頭《かしら》が来て、「河瀬なり」で太鼓が終わる手になっています。これを通称「瀬踏頭」と呼んでいます。ここは恨みの方向性を明確にしていく場面ですね。そのあとも和吟で、耳には優しいけれども、詞は激しい。

馬場　だからこそ型が生きますね。いいところですね。

友枝　「御悦びも我故なれば」からキリの仕舞どころで、漁師を刺し殺す場面を杖で再現していきます。「氷の如くなる刀を抜いて」というところでは、杖が刀に見えることがあるんですよ。

馬場　刺されるところは、いろいろな殺され方があるものだなと思って、見るたびに注目します。

《痩男》死者の顔を写したともいわれる。

友枝　僕の場合は、刀の刃を外側にして、肋骨の間を刃を横にして通していくイメージです。刃を上下にすると骨の間に入らないから、刃の向きをしっかり考えて、深くずどっと刺す。そして「藤戸の水底《みなそこ》の悪龍《あくりゅう》の水神となつて怨をなさん」と杖を振り上げてワキを強く見込むという型に続きます。

馬場　この仕舞どころは謡も型も素晴らしいし、殺されるところを現場検証のように再現するのだから、見ていて面白いです。友枝さんは、〈藤戸〉〈阿漕《あこぎ》〉〈烏頭〉の三曲なら、どれがしたいですか。

友枝　〈藤戸〉はお能としてのインパクトが強くて、感情の表現が眼目だと思います。ただ、〈烏頭〉はキリの仕舞が、舞っていて面白いんですよ。

馬場　六十を過ぎると〈藤戸〉のほうが良くなるんではないですか。「御悦びも我故なれば」というような思いが強くなりますからね（笑）。

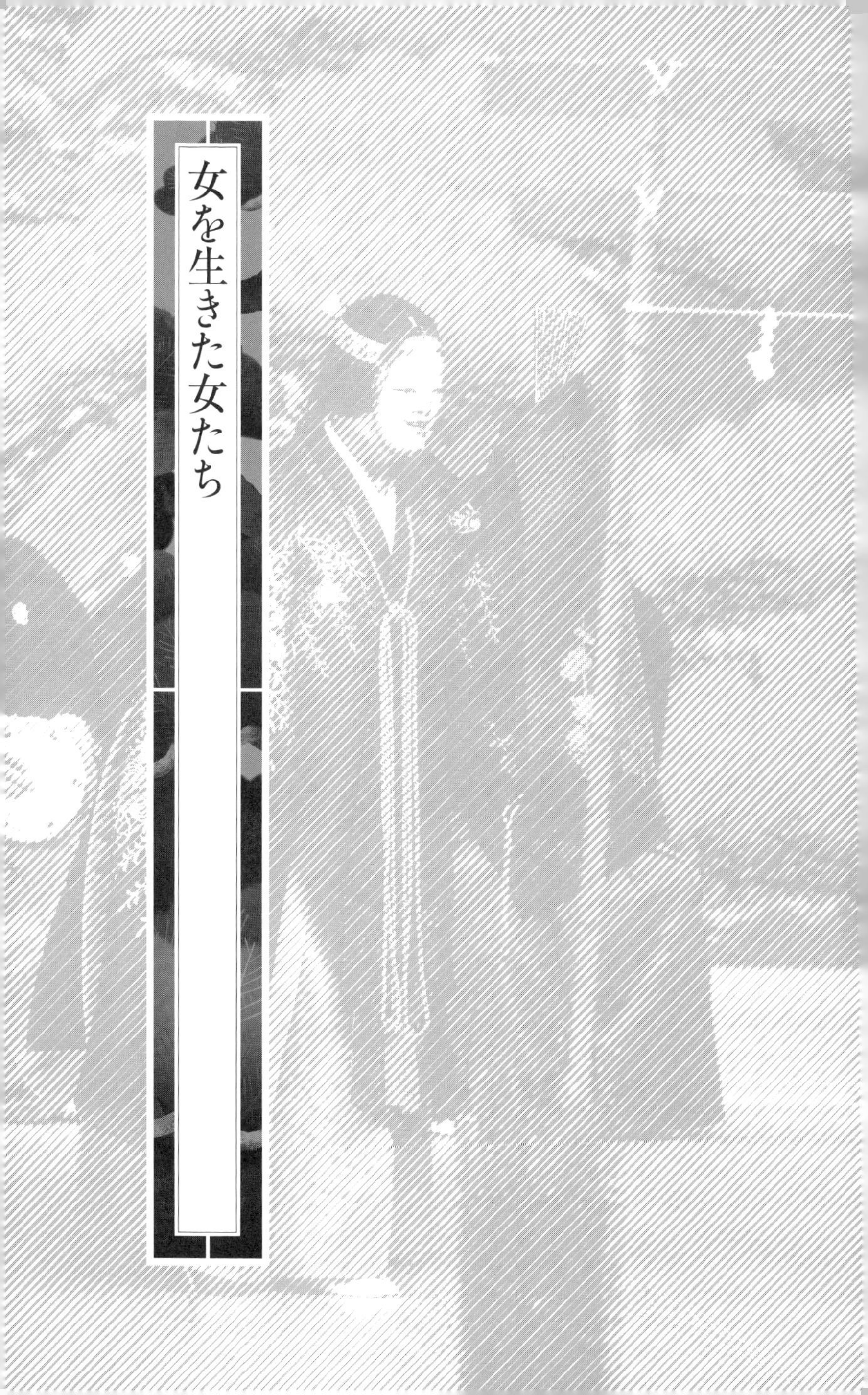

女を生きた女たち

井筒《いづつ》
野宮《ののみや》

序の舞を舞う女

「業平の面影見れば懐かしや」――〈井筒〉

馬場　女性を主人公としたお能「鬘物《かづらもの》」は昔の演能順で三番目に演じられるので、「三番目物」ともいわれていますが、そのなかに「本三番目物」といわれるものがあります。これは三番目物の中でも特に高雅幽玄な曲目だと教わりました。

友枝　厳密な定義ではないですが、前場《まえば》と後場《のちば》があって、女性の霊が出てきて、太鼓の入らない序ノ舞を舞う。そしてクセがある、といったところでしょうか。また、本三番目物の装束は喜多流では《小面《こおもて》》。前シテは紅白段の唐織《からおり》、後シテは紫の長絹《ちょうけん》に緋の大口《おおくち》というのが基本です。あくまで基本で、いろいろな状況、条件で変わってきます。他のお流儀でもこうした決まり事はあると思います。

馬場　〈井筒〉と〈野宮〉の二つを見れば、本三番目の雰囲気がよくわかるのではないかと思うのですが。

友枝　曲の構成からしても、いわゆる本三番目物の代表ですね。

馬場　〈井筒〉の舞台は、最初に後見が井筒（井戸）の作物《つくりもの》を正先《しょうさき》（舞台の正面前方）に出しますが、井筒の角に薄《すすき》が立っています。その風情がよくて、九月になると〈井筒〉が見たくなるんです。ただ、〈井筒〉や〈野宮〉は、かなりしっかりした雰囲気のあるワキ方が望ましいですね。お能を見はじめたところは、ワキのお坊さんがいるところへ美麗な女が出てくるという、女性の華やかさと、僧という無常を象徴するものとの対照に、すごく魅力を感じました。面白いと思うのは、〈井筒〉や〈野宮〉などに出てくる女性たちは、僧に救済までは求めていませんね。ただ、私の過去の幽艶な思い出を知ってくださいと言って、忘れられたくない物語を語ります。

〈井筒〉では、ワキ僧が奈良の在原寺《ありわらでら》を訪ねます。そこは業平《なりひら》とその妻である紀有常《きのありつね》の娘が夫婦として住み、業平の妻が「風吹けば沖つ白浪龍田山」と詠じた所なので、旧跡を弔っていこうとします。すると、シテの女が出てきて「暁毎《あかつきごと》の閼伽《あか》の水、月も心や清む〔澄ます〕らん」と次第を謡い、続いてたっぷりした謡になります。

友枝　「行くへは西の山なれど眺《ながめ》は四方《よも》の秋の空」というところがすごく大事で、あんまり盛り込みすぎても、淡々とやっても良くない。見ている人がいろんな景色を彷彿とするように謡いたいところですね。

馬場　荒廃した情景そのものがシテの心の風景であるという感じで聞いていますが、シテはじっと立って謡っているだけですから、謡われている文言がわからないと、シテの心にも届かないので、事前に頭に入れておいてほしいです。

友枝　動きがないということは、謡を聞いてくださいということですから。ここからけっこう長い時間、ワキとシテの問答があるんですけど、初同《しょどう》の終わりまでで、ある意味〈井筒〉の出来はほぼ決まってしまうと思っています。要するに初同の留めまでが現実というか、今見ている景色なんです。そして初同が終わってから業平との昔話になっていきます。

馬場　『伊勢物語』の予備知識がないと、この長い謡のところで初めての人はくたびれてしまう。例えば、ワキの初めの台詞の「風吹けば沖つ白浪龍田山と詠じけん」というところで、この歌が『伊勢物語』二十三段のあの物語だな、とわかるといいんですが。しかも二十三段は業平の話ではない。田舎わたらいをしていた貧しい家の娘と息子の話で、井戸の前で背丈を比べたりして遊んでいた二人が夫婦になる。その後、娘の親が死んで貧しくなったので、男は河内の女のもとに通うようになる。ところが、妻は一向に怒らない。不審に思った夫が陰から見ていると、妻はきれいに化粧をして「風吹けば……」の歌を詠んで夫のことを思っていたので、男は河内へは行かなくなったという話です。それを世阿弥が能に取り込んで、業平と紀有常の娘との話にしてしまったんですね。こんな大胆なことをしていいのって私たちは思ってしまいますが（笑）。

友枝　ですから〈井筒〉は、『伊勢物語』二十三段と、「月やあらぬ春や昔の春ならぬわが身ひとつはもとの身にして」の歌がある四段を知っていないと。そういう意味では、本三番目物はどれも古典の知識が必要です。

初同の「**一叢薄**《ひとむらすすき》**の穂に出づるはいつの名残なるらん、草茫々**《ぼおぼお》**として**」というところで、シテはちょっとまわりを見渡して「**露深々**《しんしん》**と古塚の**」と遠くを見る。シテ方の人たちに聞くと、みんな頭の中でこっちに薄があって、その向こうに古塚があってと場面を思い描いて見渡しているのですが、その思い描く風景が人によって微妙に違う。つまり、個性が出やすいところです。

〈井筒〉前シテ。最も一般的な若い女性の出立ち。

馬場　あそこは胸がじーんとしてくる実にいいところで、この場面を見たくて〈井筒〉を見に来るんだと思うことがあります。廃墟の中に眠っている妖艶な思い出がぼーっと浮かび上がってくるところです。

友枝　シテは、昔物語を始めるところで座ったら、じっとして動かない。この居グセになると、あとはほぼ地謡がメインになります。

馬場　初見者は居グセでくたびれてしまいます。でも、しだいにこの居グセの味わいというものがわかってくる。演じる人によってふしぎに違います。要するに、存在そのものになるんです。

友枝　正面から見ると、喜多流では井筒の作物の中に女が座っているように見えるんです。観客はそれを見ながら謡を聞いて、一所懸命頭の中でシーンをつくっていく。だからそのときにシテの存在感がしっかりしてないと、観客が絵をつくれない。

馬場　結局、居グセは、シテが謡っていると思えばいいんですよね。

友枝　気持ちの中では僕も謡ってますし、じっとしているときこそ、ものすごくちゃんとしてないと、自然に体が下がっていって姿が崩れてしまうので。〈井筒〉のように、装束を着て、片膝を立てて座る居グセはものすごくしんどいんですよ。

馬場　後シテは、業平の形見の直衣《のうし》を着るわけですが、その装束についてお話しいただけますか。

友枝　はい。先ほど本三番目物の後シテは紫の長絹に緋の大口が基本、と言いましたが、〈井筒〉の後シテは業平の冠をつけます。しかし装束のスタイルとしては、緋の大口に長絹という格好で冠は被れないので、大口ではなく腰巻になります。これは舞にも影響していて、本三番目物のときの序ノ舞は、少し位が高い「高位の序」になるんですが、〈井筒〉は、緋の大口を履いてないので、舞のカカリ（導入部分）にちょっと違いがあります。

馬場　そうなんですか。〈井筒〉の序ノ舞は、太鼓の入らない「大小の序ノ舞」ですね。序ノ舞がある曲は三十曲以上はありますが、太鼓が入る「太鼓序ノ舞」は数が少ないですよね。太鼓が入ると華やかですが、どこかさびしく名残惜しさがある。太鼓のリズミカルな調子に心が乗っているからでしょうか。逆に太鼓がないと永遠の時間を感じます。太鼓は時間を刻むのです。

友枝　序ノ舞を舞うのはシテ方ですけど、つくっていくのはお囃子方なので、実は僕らはほとんど手出しができないんですよ。やはりお囃子方には、大小の序ノ舞はこういうもの、という価値観がありますから、こちらはそれを受け止める覚悟です。

馬場　お囃子の中では誰が仕掛けるのですか。

友枝　序ノ舞は、基本的には笛のものだと思うんですが、みんな「自分はこう思う」というものをお持ちだと思います。

馬場　舞そのものは同じでも、お囃子によって雰囲気はずいぶん変わります。ある意味で、シテ方とお囃子との葛藤ですよね。

友枝　でも舞い始めたら僕らはほぼ何もできないので、お囃子に乗っていくという感じですね。

馬場　〈井筒〉の序ノ舞は、カカリの謡が「昔男に移り舞、雪を廻らす花の袖」なので、女が業平の姿をして、昔を懐かしんで舞う〝回想の舞〟ということだと思うんですけれど、まずシテをつとめる男性が女装をして出てきて、さらに業平という男性の着物で舞う。そして井筒を覗くわけですが、そもそも何のために覗くのですか。

友枝　最後の最後「業平の面影、見れば懐かしや」というところで井筒を覗くんですけど、きっとみなさんいろいろなやり方や見方があるんだろうと思います。

馬場　十四世喜多六平太は、薄がざわっというくらいに長絹の袖をばっと翻《ひるがえ》して、しっかり覗いた、という感じでした。一方、十五世の喜多実はそっと袖を返して、そっと覗いていました。

友枝　喜多流では、井桁に袖を掛けて、薄をちょっと除けて、よく見るという風情ですが、問題はそこに何を見るかですよね。井筒を覗く前に「筒井《つつい》筒《づつ》井筒にかけし磨《まろ》が長《たけ》生ひにけらしな生ひにけるぞや」という詞があります。『伊勢物語』では「筒井筒井筒にかけしまろがたけ過ぎにけらしな妹見ざるまに」という歌ですが、「生ひ」は年をとったという「老い」の意味も掛けられていると思うんですよ。業平がいなくなって、幽霊の自分もずいぶん年をとってしまったなあと。そして井戸を覗いたとき、そこに若い自分が見えるのか、それとも今の自分が見えるのか。

馬場　「業平の面影」で井筒を見て「見れば懐かしや」というところは業平を見ているわけでしょう。ところが、そのあとは「亡婦魄霊《ぼうふはくれい》の姿は、萎《しぼ》める花の、色無うて」と言うから、今度は自分の姿を見ているわけですね。昔から女が男装し、男が女装するのが日本の芸能の王道ですが、ここのところはものすごく複雑で妖しい。まさに日本の芸能の真髄というべき曲ではないでしょうか。

「火宅の門をや出《い》でぬらん」――〈野宮〉

馬場〈井筒〉が馥郁とした古今集時代の、恋のふっくらとした優しい雰囲気を持っているとすれば、〈野宮〉は新古今的な雰囲気が加わった、ある鋭い悲しみを滞留させた三番目物です。主人公の六条御息所《ろくじょうのみやすどころ》は、『源氏物語』の中で一番魅力的な女性だと思います。自分の考えのままに行動して敗れていく。それでもなお抵抗感を持ち、自己を立てようとしたところに凄みがあると思うのです。

〈野宮〉も最初に、鳥居と小柴垣の作物が出ます。そこへ僧が登場して、**「野の宮の旧跡とかや申し候程に、〔逆縁《ながら》〕立ち寄り一見せばやと思ひ候」**と言ってこの小柴垣のところへ来る。このとき、野宮の旧跡が何かということと、次の**「黒木の鳥居小柴垣、昔に変らぬ有様なり」**というのが『源氏物語』の「賢木《さかき》」の巻に出てくる黒木の鳥居、小柴垣であることを知っていないと、つまらないのです。「賢木」について簡単に言うと、賀茂祭（葵祭）の日に斎王《さいおう》に供奉《ぐぶ》する光源氏の晴れ姿を見ようとして車の場所争いが起きた時に源氏の正妻・葵上に辱められた六条御息所は、生霊《いきりょう》となって葵上の出産を妨げようとします。しかし、そのあさましい生霊の姿を源氏に見られてしまう。苦しみ、思い余った御息所は、伊勢の斎宮《さいくう》に定められた娘について都を離れる決意をし、斎宮の潔斎所・野宮に入ります。それを聞いた源氏は、神垣を越えて仮の宮所に入り、御息所と語り明かすのです。

友枝　〈野宮〉と〈井筒〉は構成が全く一緒です。〈井筒〉は世阿弥、〈野宮〉は金春禅竹《こんぱるぜんちく》の作品とされていて、たぶん禅竹は世阿弥と〈井筒〉をリスペクトして、同じ形式を踏んで〈野宮〉をつくったような気が僕はします。

馬場　なるほど。シテの謡の頭「花に馴れ来《こ》し野の宮の、秋より後《のち》は如何ならん」は、「秋」に「飽き」が重なっているので、源氏に飽きられた後はどうなるだろうかという意味が含まれます。次の「物の寂しき秋暮れて」とか「身を砕くなる夕間暮」「森の木枯秋更けて」「身に沁む色」はまさに中世の言葉で、『源氏物語』以前にはない。ここに力技のようなものが感じられます。この謡の凄さは〈井筒〉とは全く違った魅力ですね。

友枝　御息所の複雑で深いキャラクターは前シテの装束にも現れています。〈井筒〉は清楚な感じの紅白段が多いのですが、〈野宮〉は例えば浅葱《あさぎ》色が入ってたり、黒紅というチャコールグレーみたいな色が入った唐織にして、その性格の差を表現します。

馬場　こういう大曲を演じる時の心得としての装束も、鑑賞の中に入りますね。ワキに問われてシテが、ここはその昔斎宮に立つ人が仮住まいした野宮で、今日は光源氏がここに詣でた長月（九月）七日だと言うわけですね。なぜ源氏は野宮に行ったのか。このとき六条御息所は二十九歳で源氏は二十二歳。源氏にとっては、ややうっとうしくなっている相手ですが、なお、この人が文化的なトップレディだということがわかっているので、同じく文化人の自負がある源氏は、情緒的にも文学的にも一世一代の別れがしたくて、神垣を越えて行くわけです。しかし、実は源氏には、これを限りに完全に離れてしまう気持ちはない。一方の六条御息所は、もうこの人とは終わりだと固く心に決めているわけですから、情の度合いは六条のほうが大きい。「末枯《うらがれ》の草葉に荒るる野の宮の」という荒寥《こうりょう》感のある初同が謡われます。

友枝　初同になるとシテは作物に近寄って、持って出てきた榊《さかき》の枝を置いて戻ります。そして「物儚《はかな》しや小柴垣いとかりそめの御住まひ」で小柴垣を見て、「今も火焼屋《ひたきや》の微《かす》かなる」で、ちょっと目を火焚屋に移す。火焚屋はないので、自分の頭の中にある場所を見るのですが。

馬場　ちょっと、でなく、じいっと見たシテの記憶もありますが、この眼差しがなんとも言えない。面《おもて》の使い方によって、実に哀しく、懐かしい感じになります。なぜならば「火焚屋の微なる光は我が思内《おもいうち》にある色や」、かりそめの火焚屋の光こそ自分の、源氏に対する思いだと言ってるわけです。だから、並みの眼差しではいけない。ここがうまくいかないと、後のクセが全然生きてこないのです。

友枝　野宮とはそもそも暫時のものなので質素、その象徴が黒木の鳥居です。「枯れる」という言葉が後にも出てきますが、「枯れ」は「離れ」でもあるんです。秋が深まるにつれて虫の音が間遠《まどお》になっていくことを「かれがれに」と表現していますが、それは源氏の訪問が、間遠になっていることとも通じています。初同はそういうものが全部集約されるので、ミニマムな動きの型の中で何をみてもらうか、ものすごく考えます。

馬場　「御息所のことを詳しく物語って下さい」とワキに言われて、シテと地謡が交互に、御息所が夫と死別した後、光源氏が忍んで行くようになったけれど「又絶え絶えの仲なりしに」と語って、ひと段落つけると、いきなり「つらきものにはさすがに思ひ果て給はず」というクセになります。もう景色なんか飛び越えて、生な思いを直に言っている。『源氏物語』そのものです。「遥けき野の宮に分け入り給ふ御心いと物哀《ものあわれ》なりけりや、秋の花皆衰へて虫の声もかれがれに松吹く風の響までも」は『源氏物語』の文章を思い切って取り込んでいます。そして続く「寂しき道すがら秋の悲《かなしみ》も果無《はてな》し」で、直の感情を平気で使う。こういう詞《ことば》を、重たいクセのリズムに乗せるからこそ、心に入ってくるのではないでしょうか。

友枝　「寂しき道すがら秋の悲も果無し」なんて、本当に絶望に向かってまっしぐらですからね。

馬場　後シテは一セイで「野の宮の秋の千種の花車」と言いますが、この「花車」というのは、下簾《したすだれ》が破れた網代車《あじろぐるま》です。そもそも網代車は身分が低い人が乗る車で、六条御息所のような高い身分の人が乗るものではないのです。

友枝　ワキに「いかなる車か」と聞かれて、賀茂祭での車争いの話になります。御息所はわざと目立たない網代車で行ったところ、後から来た葵上一行の車が並んだために押しやられ、壊されてしまう。

馬場　この車争いの場面はなくてもいいと思う時と、あってよかったと思う時とがあるんです。世阿弥だったら、この場面を入れなかったのではないかと。

友枝　僕は、この部分こそが〈野宮〉だと思うんですよ。六条御息所は生霊になるぐらい強い人だから、それをここで彷彿させて、そのあと静かに序ノ舞を舞う。この落差の面白さですね。

馬場　確かに、この場面があるから、位が重くも深くもなるのですし、最後の「又車に打乗りて火宅《たく》の門《かど》をや出でぬらん火宅《か》〔の門〕」の凄さも生まれます。火宅を出る破れ車ですよ。「御息所の霊は、破れた網代車に乗って火宅を出られるのか。きっと出たのだろう、あの火宅を」というふうに終わるわけですね。

友枝　「出でぬらん火宅」の部分は、「かたくー」って伸ばしてるだけだから、全然出た感じがしないですよ。

馬場　出ていない。だからまた幽霊になって出るんですよ。さすが六条御息所という感じがします。

友枝　はい。やはり本三番目物は、本説（原作）の素養をもって見るほうが、断然面白いと思います。時間はかかるかもしれませんが、その上で〈井筒〉と〈野宮〉を見比べていただきたいですね。

〈野宮〉後シテ（友枝雄人）。本三番目物の後シテの典型的な出立ちである小面・長絹・大口。

物狂う母・一

桜川《さくらがわ》
三井寺《みいでら》

華やかすぎる桜の寂しさ――〈桜川〉

馬場　今回は「四番目物」の中の女物狂《ものぐるい》（狂女物）のお話ですね。

友枝　狂女物は基本的に前場があって、そこにはまだ狂っていない女性（シテ）がいて狂気となる背景が語られ、中入後に狂気となった後シテが現れ、道行《みちゆき》（移動）があり、○○へ着きました、というところからワキと問答が始まる、というフォーマットのようなものがあります。狂女物のほとんどのシテが母親なので「母物狂」ともいい、多くは子が行方知れずになるところから始まります。

馬場　昔は誘拐されたり、貧しさのあまり売られたり、様々なかたちで子どもを見失った母親の物語が実にたくさんあります。

友枝　母が子に抱く愛情は、人間の最も共感しやすい感情の一つでしょうね。
馬場　〈桜川〉は母物狂の代表的な作品だと思います。人商人《ひとあきんど》に買われて居なくなってしまった子どもの行方を訪ねて、お母さんが日向国《ひゅうが》（宮崎県）の桜馬場から常陸国《ひたち》（茨城県）の桜川まで行って再会するというストーリーですが、九州から関東までとは、ずいぶん遠いですね。
友枝　「海山越えて箱崎の、波立出でて須磨の浦、又は駿河の海過ぎて常陸とかやまで下り来《き》ぬ」とありますから、船も使ったのでしょう。基本的に「物狂」は元いた場所をさまよい出ているので、どこからどこへやって来たという道行が必ずあります。その道行に共感できると、舞台に入っていきやすいですね。
馬場　〈桜川〉の子どもは誘拐されたわけでも、売られたわけでもない。貧しさのあまり自ら身を売ったのですね。
友枝　子どもが「此の年月の御有様、見るも余りの悲しさに、人商人《あきびと》に身を売りて、東《あずま》の方《かた》へ下り候」と書いた手紙を、人商人が日向に住む母に届けるのです。
馬場　その手紙には、出家して暮らしを楽にしてくださいとも書いてある。
友枝　狂女物の母というのは〈隅田川〉以外はハッピーエンドですが、その終わり方は、親子で仏門に入るか、あるいは富貴《ふっき》の家となるか、大体どちらかなんです。
馬場　どちらも仏の加護です。この時代は鎌倉以来、日本人の心に寄り添った仏教が盛んで、お坊さんに対する尊敬の念も、地獄に対する恐れも非常に強かったのですね。ワキの人商人が文を届けに来たと名宣《なの》ったあと、「誰にてわたり候ぞ」と前シテが出てきます。ここではショックはあってもまだ狂っていませんよね。

友枝　ええ。なぜなら、前シテの装束は唐織《からおり》着流しです。これは普通の人の格好で、狂女となった後シテでは縫箔《ぬいはく》を腰巻に着付け、それに水衣《みずごろも》という出立《いでたち》です。水衣はいわば作業着で、この格好になるのはなんらかの理由がなければならないのです。狂女物の場合、この出立になることで、故郷を出て放浪していることを表している、といえると思います。

馬場　〈桜川〉では、中入後に常陸国磯部寺《いそべじ》の住職というワキが子方を連れて出てきます。お母さんの貧しさを見かねて身売りをした子が、なぜこの磯部寺にいるのかということですが、ストーリーの中で疑問感もない。やっぱり仏教のご加護で出会えたということでしょうか。

友枝　そうですね。行方不明になった子どもは大体仏門に引き取られています。

馬場　後シテの最初の「いかにあれなる道行き人《びと》、桜川には花の散り候か」、これは道占いをしているのです。もし「散っている」と言うと、子どもの運命が危ないということになる。だから、「花散れる水のまにまに留め来れば、山にも春は無くなりにけり」と聞いて、心配のあまり狂気を発する。

友枝　狂女物の後シテが一声《いっせい》で出たところの詞《ことば》は特に大事なところです。とはいえ物狂は、あまりべタべタしていると面白くない。特に〈桜川〉は子を失って悲しくて、陰陰滅滅としているんですけど、それだけでは〈桜川〉にはならない。華やかさと軽妙さも必要なんです。

馬場　華やかすぎる寂しさというのもありますね。また、悲しい時、わざと華やかになることもある。それは桜がそうさせてくれるわけです。桜というバックがあるがゆえに、そこには春の憂いのような悲しみがずっと底流している。後シテは、笹ではなく掬網《すくいあみ》を持って出てきますね。

友枝　「狂い笹」といって、笹を持ってる人は狂っている。持ち物が記号なんですよ。昔、天照《あまてらす》大神《おおみかみ》が天の岩戸に隠れた時、天鈿女命《あめのうずめのみこと》がその前で笹を持って舞った、という神話があります。要するに〝芸〟と〝狂〟を結びつけるものが笹だということなんです。一方、扇は理性のある人が持つ物です。ですから、シテが扇を持っていなかったら、それなりに理由があるはずです。

《曲見》年齢に関係なく、子を持つ女性はこの面（あるいはこれに準ずる面）を掛ける。

馬場　それは面白い見分け方ですね。一方、また笹というのは神の宿りどころです。『竹取物語』のかぐや姫が竹の中から出てきたように、この世のものならぬものが竹の空洞の中に入っている。ことに植物で中が空洞なものには神が入っているのです。ですから、子の行方を祈れば何かのきっかけを教えてくれるかもしれない。それで狂気を発するほどの思いの人は時に言問《こととい》の対象として笹を持つ。後シテが持っている網にもやはりそういう何か、憑依《ひょうい》するものがあるわけですよ。わが子である桜子《さくらご》のために桜をすくう。我が子をすくえる網としての憑依性があるわけですよね。

友枝　はい。逆にクセの間だけ持ち物は扇になる。その扇を持っている時間帯と、そうじゃない時間帯をどう分けるかを考えなくてはならない。

馬場　狂気の時間帯ですね。道占いをするところから、もう狂気なんですよ。このへんから謡も桜づくしになっていくでしょう。

友枝　「常よりも春べになれば桜川波の花こそ間なく寄すらめ」という紀貫之の歌が出てくるあたりの言葉遊びはすごくいいですよね。

馬場　ええ。酔わせる言葉遊び。その前の同音の「散り浮く花の雪を汲みて、自ら花衣《はなごろも》の春の形見残さん」なんて、本当にうまい。引き歌もなしです。世阿弥が自分でつくっている。すごいですよ。「花鳥《はなとり》の立別れつつ」はよくよく使われる言葉ですけれども、このへんで情を述べておいて「我が子の花はなど咲かぬ」、うまい締め方ですよね。でも、かなり長丁場です。

友枝　〈桜川〉は本当に長いです。このへんの長さが難しいところというか、見所《けんしょ》（観客）はちょっと飽きてしまうかもしれない。

馬場　そうですね。でも「常よりも春べになれば桜川」あたりから、また酔わせますから。

友枝　「それ水流《すいりゅう》花落ちて春長《とこしな》へに在《あ》り」などは素晴らしい詞だと思います。

馬場　和文から漢詩の世界に切り替える。にくいやり方です。

友枝　漢文がちょっと入って、なんとなくまた大和言葉に戻ってという、この出し入れが絶妙です。

馬場　漢詩文が教養として日常感の中にあった時代の文言の美しさ。〈桜川〉なら謡だけ聞きに行ってもいいですよ。

友枝　扇を掬網に持ち替えて舞う「網之段」はクライマックスでもありますが、「あたら桜の」という言葉に西行の歌を思い浮かべるわけですよね。「花見にと群れつつ人の来るのみぞあたら桜の科《とが》にはありける」。

馬場　ところがこちらは、「あたら桜の科は散るぞ恨《うらみ》なる、花も憂し風もつらし」。世阿弥によって「科」が「恨」という母の情に切り替えられている。でも違和感がない。ここが世阿弥の力技、言葉技ですよ。貫之や西行の歌の中に知らんぷりして自分の言葉を置いてしまう。

友枝　ちょっと戻りますが「信太《しだ》の浮島の浮《うか》め浮め」というところは、声に出すことを前提につくっている。

馬場　なるほど。「桜川瀬々《せぜ》の白浪繁ければ、霞うながす《（を流す）》、信太の浮島」、ここまでは和歌です。そこに突然、「浮め浮め水の花げに面白き川瀬かな」と当時の口語的な歌謡調が入ってくる。これは現代短歌で今私たちもやっている口語調の取り入れです。「浮め浮め」と、世阿弥が当時の口語で気を爆発させてしまったんですね。〈桜川〉はこういう掛け合いが多い。そしてそれが、はらはらと桜が散る感じになります。桜を眺めさせるのですね。「猶青柳の糸桜」「霞の間には樺桜」、このへんの言葉技というのはもう独壇場ですね。

友枝　そうですね。

馬場　「真《まこと》は我が尋ぬる桜子ぞ恋しき我が桜子ぞ恋しき」で網を捨てて、ようやく網から離れられる。

友枝　そのあとにロンギがきて、ワキが子方を立たせてシテの方へ送り出し、「さすが見馴れし面《おも》だてをよくよく見れば」ぐらいで子のそばに寄り、「桜子の、花の顔ばせのこは子なりけり鶯の」で子を見て、泣きます。

馬場　シテがどのように我が子に迫るのか。ここのところはシテの手の見どころなんです。本当に愛しそうに抱える型と、ただ単に抱える型とあって。

友枝　でも、あんまりやりすぎてもね……難しいところです。子方の背の高さでも印象が違ってきますしね。このあとは「かくて伴ひ立ち帰り、母をも助け様変へて、仏果の縁と成りにけり」、つまり親子で仏門に入るという、母物狂の典型的な終わり方です。

月の冷えた華やぎ――〈三井寺〉

友枝　〈桜川〉の桜と、〈三井寺〉の月はやはり双璧です。どちらも世阿弥作で、言葉を弄ぶ巧みさがありますけど、僕は場面設定としては〈三井寺〉のほうが凝っていると思うんです。

馬場　それはそうですよ。あの鐘楼の作物《つくりもの》が出てきただけで満足します（笑）。

友枝　最初、何もない舞台へシテが出てきて合掌し「南無や大慈大悲《だいじだいひ》の観世音《かんぜおん》さしも草」って謡うでしょう。ここでわかる人には〝清水寺の観音〟だということがわかる。こういうつくり方が凝ってるというか。

馬場　「なほ頼めしめじが原のさしも草」これは観音さまの歌で、下の句は「われ世の中にあらんかぎりは」です。謡にはよく出てきますが、今の人はさっぱりわからない。お能がこれから生きていくには、こういうところが特に難しいですね。

友枝　そうですね。〈三井寺〉という曲なのに清水寺から始まるのか、みたいなつくり込み方が、〈桜川〉より一枚上手かなと思います。舞台上の展開は〈桜川〉と同じで、まだ狂女ではない前シテが出てきて、三井寺へ旅立つ態《てい》で中入をして、場面が変わって園城寺《おんじょうじ》（三井寺）になって、そこに後シテがやってきます。

馬場　前場はシテと、門前の者という役どころのお狂言だけが出てきます。狂言の台詞の中の「尋ぬる人に近江国」「思ひ子を三井寺」って、いい言葉ですよね。単なる語呂合わせですけれど、いい夢占みたいで、耳に残って忘れられない。作物は中入後、一番先に出るんですよね。

友枝　そうです。一旦、人が全員いなくなってから。鐘楼の作物が出ることで、三井寺に場面が変わるんです。

馬場　あの象徴的な鐘楼は、初めて見た時から今でも感歎する作物です。私、能の作物が大好きなんです。これほど童心の爆発した美術は、ほかにないと思います。特に〈三井寺〉の鐘楼は瀟洒でありながら稚気にあふれていて、出てきただけでワクワクします。ところで、〈三井寺〉は〈桜川〉とは違って、冷えた華やぎがありますね。シテの道行で「月」「紅葉」「雪」、そして「緑子」「松風」「花園の里」を歌枕のように謡い連ねたあと、「風冷《すさま》じき秋の水の三井寺」に着く。狂女物だから華やかさをところどころに入れないと肝心の狂気が出ないんですね。そして、「秋も最中《もなか》夜も半ば、所からさへ面白や」の後の同音「月は山、風ぞ時雨に鳰《にお》の海」は〝水を打ちたるがごとく謡うように〟と喜多実先生が書いておられます。

友枝　僕はこの「月は山」というところで、月が出てくるんだと思っています。八月十五日という仲秋の日に寺中の者が月の出を心待ちにしている、そんな場面だと思います。

馬場　なるほど。やがて月が出て、風が時雨のように鳰の海（琵琶湖）を渡っていくという感じですね。

友枝　そして間狂言《あいきょうげん》が出てきて「じゃんもんもん」と唱えながら鐘を撞きます。それを後シテが笹で叩く。

馬場　叩かれた間狂言が、痛いから「蜂が刺いた」と言うところですね。

友枝　見所《けんしょ》（観客）を飽きさせない。このへんが〈桜川〉と色が違うところですね。そして「あら面白の鐘の音《ね》やな」と言いながら鐘を撞こうとしますが、ここで初めてこの女が駿河国（静岡県）の出身だということがわかります。

馬場　私の故郷《ふるさと》では清見寺《きよみでら》の鐘を聞いていたと。こちらも有名な鐘です。

友枝　「三井の古寺《ふるてら》鐘は有れど、昔に返る声は聞えず」こういうこともシテはちゃんと知っている。

馬場　藤原秀郷《ひでさと》が龍宮から持ってきたという有名な鐘を、琵琶湖から三井寺まで引き上げたという話、当時の人はみんな知っていたのでしょうね。名鐘ですから。そして、龍女が成仏したように私も鐘を撞く、と言う。そのあとの地謡の「影はさながら霜夜《しもよ》にて、月にや鐘は冴えぬらん」、この抑えた低音の次第は、心の底の声みたいな感じがして、心に響くんです。謡っているほうとしてはいかがですか。

友枝　地謡はむしろ淡々とやってますね。こういう抑えた謡の時は感情移入しないというか。低い声はなかなか出すのが難しいので、どちらかいうと発声に集中していますかね。次のシテの「今宵の月に鐘撞く事、狂人とてな厭《いと》ひ給ひそ或詩に曰く」、この謡はいいですよね。

馬場　「高楼《こうろう》に登り鐘を撞く、人々いかにと咎めしにこれは詩狂《しきょう》と答ふ」。これによってこの女が精神性の非常に高い、教養の高い女だとわかります。

友枝　話が戻りますが、「影はさながら」とか「影」という言葉がたくさん出てきますよね。影には実はたくさん意味があって、光のことも影と言いますでしょ。

馬場　言いますね。「朝影」、「夕影」。

友枝　だからこの「影はさながら霜夜にて」とは、月の光が地面に当たって霜みたいに白くなっている、という意味なんです。それと、もう一つ「姿」という意味もある。「人影」とか。で、「影」という言葉が出てくる都度、ここはどういう意味の影かと限定的に判別するのではなくて、すべての概念が「影」という一つの言葉に入ってると考えれば意味が大きく広がっていく。

馬場　影が厚くなっていくんですね。いろんな影、心の影もあるし、思いの影もある。鐘を撞こうという人の姿の影もある。「影はさながら」以下、文学的な雅趣という点では、〈三井寺〉のほうが深いですね。「これは詩狂と答ふ」なんて、言ってみたい言葉ですね。好きですね、〈桜川〉より。〈桜川〉は文句を言わせず陶酔させる。

友枝　〈桜川〉は仕舞になっているから謡い慣れてる、聞き慣れてるというところもある。でも慣れだけではない難しさが〈三井寺〉の良さなんだと思います。

馬場　〈桜川〉と〈三井寺〉とをこうして見てくると、中世人の興趣の最高が出ているという感じですね。どちらも子どもに会いたい、会いに行く、会えた、というドラマだけですから、この間をポエティックな詞で無駄なく満たしている。だから詞そのものが芸術になっていて、つくった人、見る人、舞う人、全員が堪能できているという感じがします。本当に狂女物の名曲の双璧ですね。

隅田川《すみだがわ》
百萬《ひゃくまん》

物狂う母・二

悲劇の極み――〈隅田川〉

馬場　〈隅田川〉は大変有名な曲ですが、母物狂の中では特に重い位を持っている曲だと聞きました。都の北白川にお母さんと住んでいた少年が人商人《ひとあきんど》にさらわれたため、お母さんが物狂になって武蔵国の隅田川のほとりまでたどり着く。大抵の狂女物は親子が再会を果たすのですが、〈隅田川〉だけは息子がもう死んでいて、墓所の塚だけが残っていたという悲劇です。

友枝　いろいろな意味で、ここまで絶望的なお能はほかにない、と思います。

馬場　私が〈隅田川〉を初めて見たのは、昭和二十一年（一九四六）五月、東京の染井能楽堂でした。

初見で驚いたのは、最初に出てきたワキ方の船頭の装束が立派で、刀を差していたことです。このワキ方の登場で、曲自体の格調を感じました。

友枝　最初にワキが出てきたときの重厚感がずっと続いていきます。舞台上ではまだ悲劇的な結果になることはわかっていないわけですが、悲壮感のようなものが舞台をずっと支配していくのです。

馬場　その船頭が「此の川は大事の渡りにて候程に、番に居《お》つて船を渡し候」と言いますから、ここが相当重要な渡しであることがわかります。

友枝　このワキの名宣《なの》リからワキツレの登場は、舞台の雰囲気をつくる上でもストーリーを理解する上でも非常に大事なところです。

馬場　シテの最初の「人の親の心は闇にあらねども、子を思ふ道に迷ふとは、今こそ思ひ白雪の」を聞けば、これは苦しい話になるぞ、という予感がしますよね。ここは非常に内面性の濃い詞《ことば》が出てきますから、やっぱり難しい謡でしょう。

友枝　そうですね。笠を目深《まぶか》に被《かぶ》って顔もよく見えないことも重々しい暗さを演出しています。

馬場　笠の奥から目の下の線だけがすーっと見えるのがいいんですよ。笠が黒塗りで水衣《みずころも》が水色ですから、とても寂しい感じが出ています。そのあとの「聞くやいかに、上《うわ》の空なる風だにも松に音する習《ならい》有り」は『新古今集』の恋の歌なんですけれども、風でさえ待っていればやって来るものだ、でも私にはいくら待っても子どもが来ない、と。それによる狂いですから心に沁みます。これを華やかに謡ってからカケリに入ります。そのあと一旦落ち着いて、自分の身の上を語るのですが、地謡の「武蔵の国と下総《しもつさ》の中に在る隅田川」というところは、私が前場で大好きな場面です。昭和二十二年、中央大学の講堂で、十四世喜多六平太の〈隅田川〉を見たのですが、その時は左手でワキの立つ隅田川の武蔵国側を指したあと、右手に持った笹で対岸の下総国の方、幕の奥の方までずーっと指しました。それがいかにも広々としていて忘れられない。でも近年、この指し分けはしていませんね。

友枝　いや、していますよ。ただ、同じ型でも演者によって全く印象が違うということは言えます。それは間の取り方であったり、さまざまな理由があります。僕は拝見していませんが、おそらく六平太先生は今とそれほど変わったことはしていないと思います。

馬場　型が違うのではなく、気持ちが出ていたから強く印象に残ったのでしょうか。

友枝　僕たちでも他の方が〝どのように動いているか〟につい注目してしまうのですが、たぶんそのアプローチは正解とは限らないのです。僕も若い頃は「ここで足を掛けるんだ」とか「ここは何足出ているんだろう」とか、注意して見ていたんですけど、ただ動きを真似するだけでは結果的にいいことがあまりないことが多かった。それよりも、その時そのシテが〝何を思っているか〟を考えるべきだと思います。

馬場　なるほど。その前の「千里《ちさと》を行くも親心」とか「契《ちぎり》仮なる一つ世の、其のうちをだに添ひもせで」は文言が悲しくて、悄然とした親の姿が舞台にある。それがこの指し分けで初めて大きな型をすることで、広く大きな空間と孤独な一人の女の対比が際立つ感じがするのです。

友枝　隅田川に着いたあと「なうなう《ノーノー》船頭殿」という詞が出てきますね。話の流れが変わる、この呼掛も面白いところであり、また難しいところです。

馬場　そこからシテが船頭に身の上を語り、ドラマが浮かび上がってきます。その続きとして、『伊勢物語』の東《あずま》下りの都鳥の話なども出てきて、この女にふっと格調がついてくるわけですね。

友枝　ここの問答が、僕はすごく好きです。

馬場　非常に面白いなと思ったのは、シテが「彼《か》の業平《なりひら》も此の渡りにて、名にしおはばいざ言問はん都鳥、我が思ふ人は在りや無しやと」、そう謡ったあと、ワキにあの鳥は何ですかと聞く。するとワキが鷗《かもめ》だと答えるところ。観

〈隅田川〉前シテ。「武蔵の国と」と指し分ける場面。

客に都鳥の歌を先に聞かせておくのは上手い演出です。

友枝　ワキは、わざと「鷗」と答えている。僕はそう思ってます。あえて突っ込まれるためというか、教養あるこの女性に対して「あなたはどう返しますか？」と試すような言葉遊びをしている。

馬場　なるほど。わざとですか。それはありえますね。決然と「あれこそ沖の鷗候よ」と言いますものね。

友枝　そう。シテの方は「よしよし、来た来た」という感じで。ここの問答はテンポもいいし、劇性も高い。ある意味、この「名にしおはば」の謡は、〈隅田川〉のテーマのようなところもあります。だから、本当に面白いところですが、逆に、謡に思いを強く盛り込みすぎてしまうと、見所（観客）の見方を縛ってしまうことがあるので気を付けなくてはいけない。こちらはあくまで悲劇の輪郭だけをつくればいいのであって、あとの色づけは見る人のために残しておくというか。

馬場　確かにあまり思いを入れられると、ちょっとつらいかもしれません。

友枝　どこか淡々と、といいますか。シテが舟に乗る前、「舟こぞりて狭《せば》くとも、乗せさせ給へ渡守さりとては乗せ給へや（乗せて賜び給へ）」で合掌するのですが、その型を生かすための謡であることを忘れてはいけないと思います。そして、舟に乗ってからいよいよ〈隅田川〉のドラマが展開していくわけですけれど、シテはまず笹を置いて、笠を取って座る。この時に初めてシテの姿がすべて見えるわけです。ここからずっと船頭の語りになりますが、最初、シテは自分のことではないと思って聞いてるわけですよね。

馬場　そこですよ、面白いところは。船頭が「都の者とて年十二三ばかりなる稚《おさな》き者を」〔都より年の程〕と言った時、観客はさらわれた少年のことだとわかる。

友枝　だけど、シテだけが知らない。

馬場　でもシテも、子どもが死に際に言った「我は都北白川《きたじらかわ》に吉田の何某《なにがし》と申しし人の唯一子〔一人子〕にて候が」なんて聞けば、「あれ？もしかしたら」と思わないかしら。ワキの語リのどこで表情を変えるかというところはシテの腹芸ですよね。

友枝　まったく動かない方もいらっしゃるし、「ん、ん？」という感じで動かれる方もいらっしゃいます。個性の出るところだと思います。

馬場　観客がそれぞれ想像を巡らせてくれるだろうから、無難にやるには、じっとしてるのが一番ですね。でも、シテの動きを見ていると、本当に面白い。面を掛けていても心の動きがわかりますもの。

友枝　面って目が動かないでしょう。だから面ごと、じわっと動かすんですよ。

馬場　ええ。小指の先ほど動いただけでも、はっきりわかります。

友枝　ですから、ここのところはワキの語リの聞きどころでもあるし、シテがどう思って聞いてるのかの見どころでもありますね。

馬場　シテは、やや曇らせ顔にじーっと聞いていて、子どもが弱弱しい息の下で念仏を唱えて「つひに終〔事終〕つて候」というところでシオル——静かに泣くのですね。
友枝　そして舟が向こう岸に着きます。
馬場　乗客はみな岸に上がりますが、シテは上がらない。そして再び「なうなう船頭殿〔なう舟人〕」と呼びかけ、子どもがどこの者か、父の苗字は、年は、名前は、と訊く。
友枝　ここから悲劇に入っていきます。
馬場　それまでじーっと船頭の語りを聞いていたシテは激昂《げっこう》しやすくなっているんですね。「なう親類とても親とても、尋ねぬこそ理《ことわり》なれ、其の稚き者こそ此の物狂が尋ぬる子にて候へ」。今までじっと我慢していた感情がここで噴出する。
友枝　それこそ謡本で二、三行の謡なのですが、激昂しながら謡い切る。これが難しい。そしてシテはワキに案内されるままに我が子の墓所を目前にします。
馬場　作物《つくりもの》の塚ですね。「春の草のみ生ひ茂りたる、此の下にこそ在《あ》るらめ」で塚の土を覆し、ワキに激しく詰め寄って、崩れ落ちて慟哭するという大きな型がありますね。
友枝　感情を吐露してシテが呆然となったところの地謡の詞は秀逸です。
馬場　「残りてもかひ有るべきは空しくて、有るはかひ無き帚木《ははきぎ》の、見えつ隠れつ面影の、定め無き世の習、人間愁《うれ》ひの花盛」は教科書に取り上げてほしいくらいの名文です。

友枝　「人間愁ひの花盛」は、やはり中世的な表現なのでしょうか。

馬場　『新古今集』の影響でしょう。「愁ひ」に「花盛」という正反対なものをくっつけたところが前衛ですよ。現代短歌などでも、みんなこれをやってるわけです。やがて、現世の無常を嘲《かこ》ったシテはワキと塚に向かって「南無阿弥陀仏」と念仏を唱える。すると地謡の声に交じって子方の念仏が聞こえてきて、「今一声《ひとこえ》こそ聞かまほしけれ」とシテが言うと、死んだはずの子どもの声が塚から出てきて「南無阿弥陀仏」を唱えます。

友枝　ここは地謡のテンションも上がっていって、ただ「南無阿弥陀仏」の繰り返しですが、母親の心情を代弁しているようで、謡っていても、聞いていても、改めて「謡っていいなあ」と思うところです。やがて子方が塚に消えると、「東雲《しののめ》の空もほのぼのと明け行けば」と、急に景色の描写に変わり、「我が子と見えしは塚の上の、草茫々《ぼうぼう》として唯標《しるし》ばかりの浅茅《あさじ》が原となるこそ哀なりけれ」で終わるのですが、シテをはじめ演者の退場が、これほど注目される曲も少ないと思います。

馬場　やはりそうですか。「このお母さん、これからどうするんだろうなあ」と、見るたびに思うんです。現代劇であれば、このお母さんがその後どうやって生きていくのかがテーマにさえなる。ところが、〈隅田川〉は結論を出さない。だから名曲なんですよね。

面白づくの舞づくし――〈百萬〉

馬場　〈百萬〉は、〈隅田川〉とは対照的に、悲しみがあまりなくて、面白いお能ですね。特に舞を見たい人には、すごく楽しい曲だと思います。筋書きは、奈良に住んでいる百萬というお母さんが、子どもと生き別れて物狂になって、嵯峨の釈迦堂へ行き、そこでめでたく再会するというもの。ほとんど舞づくしで終わるので、世阿弥が「この道の第一の面白づくの芸能」という物狂の中でも、まさに面白づくの曲です。

友枝　おそらくこの「百萬」という名前も当時の曲舞女《くせまい》の代表的な呼称だったと思うんですよ。それをお母さんに仕立ててお能にしました、という曲だと思います。物狂は感情の高まりのあまりに感極まったシテが芸をするのですが、百萬はそもそも曲舞女ですから、狂っていなくても芸をする人。そこに狂気がプラスされるので、ある意味〈隅田川〉のようなドラマ性はなくてもいいわけです。普通、狂女は、縫箔《ぬいはく》の腰巻に水衣《みずころも》を着て出てくるんですけど、百萬は長絹《ちょうけん》を着て、烏帽子まで被って出てくる。長絹のような大きい袖のあるものは、公式的な服装であるか、静御前のような白拍子といった芸人が舞を舞うための服装であるかのどちらかです。

馬場　なるほど。だからシテが出てきた瞬間に、これは舞を見る能だな、と思ってしまうわけですね。最初に着流しのワキ僧が子方《こかた》を連れて出てきて、この子を拾ったから嵯峨の大念仏を拝ませようと思って連れてきた、といいます。そこに釈迦堂の狂言方が出てきて、下手な念仏を唱えたところで、シテが「あら悪《わる》の大念仏の節《〔拍子〕》や」と、ぽんと笹で狂言を打って、「妾《わらわ》音頭を取り候べし」と言う。それで百萬が南無阿弥陀仏の音頭をとって、「力車《ちからぐるま》に七車《ななぐるま》、積むとも尽きじ、重くとも輓《ひ》けやえいさらえいさと」と言って車を輓く型をします。この車の段も面白いですし、すぐあとの笹の段もちょっとしんみりするけれど、面白い。「法楽の舞舞《〔舞を舞ふべきなり〕》はうに囃《〔囃して賜べや人々よ〕》いてたべなう」と言って法楽の舞を舞い、続いて二段グセと、ずっと舞っている。

《曲見》に長絹、烏帽子を纏った舞人姿の狂女（曲目は〈柏崎〉）。シテ：友枝昭世

友枝　子どもに会うとか会わないとか、ストーリーは完璧に後付けですね。

馬場　二段グセについて少し説明していただけますか。

友枝　普通、クセは前半と後半に分かれていて、真ん中くらいにシテの上羽《あげは》というごく短い謡が入ります。二段グセとは曲の中にその上羽が二つ入って、三つのパートに分かれる感じになるのです。当然、長くなります。

馬場　この二段グセも、奈良を出てから山城国《やましろ》（京都府）の井手《いで》の里に寄って、玉水に影を映して、大井川（桂川）を見て、嵯峨野にやってきましたっていうぐらいの筋道しか謡ってない。ほとんど道行と同じですね。しかし「西の大寺の柳蔭」というような風景や、人情のこまやかさが地名とともにうたい込まれていて、道行そのものがドラマになっている。それが大念仏の場につながっていくのが重厚で、名文中の名文です。最後に「これほど多き人の中に、などや我が子の無きやらん、あら、我が子恋しや我が子賜《た》べなう」と言っていますが、そこに子どもがいることは、早いうちにわかるんですよね。子どものほうが、狂ってる女の人を見て、故郷の母のようだから聞いてみてくださいとお坊さんに言います。お坊さんも早く言ってあげればいいのに、さんざん舞を見てから引き会わせるでしょう。

友枝　ストーリーについてはあまり考えないほうがいいかもしれませんね（笑）。逆に、ここまでドラマ性がない狂女物も他にはないですね。

馬場　ところで、〈百萬〉はやりたいお能ですか？

友枝　いや、まだ、ですかね。

馬場　舞でもって実力を見せる曲とも言えますから、やりがいはあると思うのですが。例えば六十台の玄人《くろうと》ならば、体は動くし、しかもドラマ性がない分、楽にできるかもしれませんね。

友枝　いやいや、楽ということはないでしょうけど。でも正直言って、じっとしているよりは、舞続きでも動いているほうが精神的には楽だと思います。

馬場　そうかもしれませんね。締められた体でじっとしているのは辛いと思います。でも、いろいろな二段グセの中でも、特に〈百萬〉の二段グセは、見ているとすごく楽しそうです。

友枝　それと、やはり〈百萬〉は詞が上手ですね。

馬場　誰の作でした？

友枝　喜多流の謡本には「申楽談儀《さるがくだんぎ》に世阿弥作の由が記され……」と書いてあります。

馬場　『申楽談儀』で言われているのなら正しいのではないでしょうか。世阿弥自身が語っているのですから。でも、昔はほとんどのお能を「世阿弥作」としていたんです。昭和四十年（一九六五）以降ですよ、学者の方々が作者について厳しく言い出したのは。

友枝　僕は昔はまったく作者を気にしていなかったのですが、最近はすごく気になります。

馬場　そうですか。私はあまり気にしないようにしています。なぜかといえば、長い時間をかけて謡い習わされ完成した能のなかで、誰が作ったかは別の問題だと思うんです。例えば作品論とか作者論とか。歌舞伎でも「『安宅《あたか》』の作者は誰だ？」「『寺子屋』は？」なんて言わないでしょう。

友枝　いや、お能は「ここはこの型で」とか「この曲はこういう装束を着る」というような、いろいろな決まり事があるじゃないですか。僕は単に決まり事だから守るというのではなく、役どころと〝同化していく〟というか、作品の芯がこうだからこうするのが普通でしょう、こういう装束を着るのが当然でしょう、というふうに、決まり事の理由とかを原点から考えたいんですよ。その意味でも、作者がどういうつもりで作ったのか、やはり気になります。

馬場　演じ手としては作品と作者に帰結するわけですね。〈隅田川〉と〈百萬〉とは、狂女物というくくりでは「面白づく」というにふさわしい二曲ですが、悲劇と喜劇、語リと舞という対照的な面を持っています。

求塚《もとめづか》 砧《きぬた》

なぜ地獄へ堕ちるのか

火宅へ帰る罪深い処女――〈求塚〉

友枝　今回は《痩女《やせおんな》》という面《おもて》を使う〈求塚〉と〈砧〉についてお話したいと思います。《痩女》とは〝邪婬《じゃいん》〟という情念の罪で地獄に落ちた女性が苦しむ相を表しています。馬場さんは〈求塚〉をご覧になって、どのあたりに面白さを感じられますか。

馬場　〈求塚〉は最初が非常に賑やかで華やかです。乙女たちが大勢で春野の若菜を摘むという、『万葉集』以前の時代から続く風俗を描いていて、しかも謡には『古今集』からも歌を引いているので、風雅で遊興的な面白さがあります。

舞台にはまず筑紫国（福岡県）から来た旅の僧が登場し、続いてシテの里女が友達と連れだってやってきます。そして旅の僧が彼女たちに求塚という塚はどこかと尋ねる。シテは「知らない」とわざとはぐらかし、若菜摘の謡を続けます。菜摘《なつみ》の野に許されていた、ユーモラスな挑発の伝統がみえます。「若菜を摘み残して帰ろう」とツレたちが帰り、シテが一人残ったところで僧が「あなたはどうして残ったのですか」と訊くと、「お尋ねになった場所へ案内しようと思って残りました」と答えてから、シテの語りになります。楽しく華やかな場面から、しゅんと緊った場面になる。能の劇性を生む一典型ですが、いい場面です。

友枝　「生田川《いくたがわ》伝説」ですね。昔、生田に菟名日処女《うないおとめ》という女性がいて、同時に二人の男性の求愛を受けた。そこで菟名日処女は生田川の鴛鴦《おしどり》を射止めたほうの求愛を受けましょうと申し出る。二人の男性が同時に矢を射ると、二本とも一羽の翅《つばさ》にあたってしまったと、ここまでは他人事のように三人称で語ります。ところが次の「其時 妾《わらわ》思ふやう」で突然一人称になり、がらっと雰囲気が変わっていきます。

馬場　今まで物語のつもりで聞いていたことが、女の身の上話だとわかった時、見ているこちらもどきっとします。〈求塚〉の菟名日処女は自ら男を選択する主体を放棄して、鴛鴦を射た者に自分の全運命を賭けます。女には、両方とも好きだからどちらが勝ってもいいという気持ちと、誰にも理解できない〝女の遊び心〟があったのではないかと思うんです。ところが鴛鴦の雌雄の仲が裂かれたことで、罪の意識が女に持ち上がり、「無慙《むざん》やな」という詞《ことば》になる。女は生田川に身を投げ、その遺体を拾い上げて塚に埋めた二人の男も互いに刺し違えて死んでしまいます。そこで女は浮かばれぬまま男二人の死まで背負わなければならなくなった。華やかな若菜摘の遊びの後に、このような急激な場面転換が待っているわけです。

友枝　だから僕たちシテ方としては「其時妾思ふやう」を際立たせたいがために、前半の菜摘歌を一所懸命謡います。

馬場　引き歌は『古今集』から三首か四首、『風雅集』が一首ありますが、ほとんど歌謡調で調子がいいですね。

友枝　菜摘には、『古今集』以降の人たちが万葉の時代に憧れているような視線があります。ですから前半はそういう華やかさを品良く出したいところです。

馬場　昔の人は、この前半の長丁場をどう楽しんでいたのでしょうね。公家や教養ある侍たちは、「おお、なんと優雅で楽しそうな上流階級の遊びだろう」と想像をふくらませながら、謡を聞いていたはずですが。

友枝　舞台では実際に菜を摘む所作をするわけでもなく、ただシテとシテツレが作物の塚を挟んで向かい合って謡っているだけですからね。

馬場　それだけに詞章を楽しめないと前半は退屈ですね。作者の観阿弥が摘み草にまつわる歌を集めて、自分の感覚でどんどんつなげていったらこの楽しい前場ができた。でも今はその文学的な楽しさを共有するための古典の基礎教養が失われつつあります。

友枝　「文学的」とは言っても、ここの面白さは読んでわかる面白さとはまた違って、声に出して謡ってこその面白さだと思います。

馬場　とてもナイーブに聞こえますよね。ところで、二人の男が刺し違える話のところでちょっとした型がありますね。「あっ」と一歩下がる感じです。

友枝　見ている人の頭の中に、血が流れるイメージが浮かべばと役者目線では思いますし、それが後半の痩女の地獄の苦しみにつながります。そして、ちょっとワキ僧の方を向き、回り込んで塚に入って中入になります。

馬場　塚に入ったシテは、間《あい》狂言の里人が求塚のいわれを語っている間に、面《おもて》や装束を変えるわけですね。

友枝　鬘以外はすべて変えます。面は小面《こおもて》から痩女、装束は唐織から水衣あるいは白練《しろねり》に変わります。華やかな唐織から、色が一気に褪せていくという感じです。痩女の面はけっこう個体差があって、色は白い印象が強いのですが、ちょっと肉色を残しているのもあり、また頬がげっそりと鋭角的にこけているものと、それほどでもないものがあります。

馬場　塚に入る前にシテが「**我が科《とが》になる身を助け給へ**」と言ったので、ワキ僧はお経を唱え、菩提に向かいなさいと女の霊を説得します。塚の中にいる後シテは「御法《みのり》の声は有難や」と一応言うのですが、「あら閻浮《えんぶ》恋しや」と続く。大事なのはここです。閻浮とは人間が住むところ、つまり〝浮世（憂き世）〟のこと。地獄に落ちて痩女になった女が、自分が生きていた浮世が恋しいと言う。さらに、奈良の御代に地獄に落ちたけれども、今はもう堀河院の御代（平安時代後期）だから、私も再び現世に戻りたいと言う。もう一度あの世からこの世に帰りたいと二度繰り返すのですね。そして「火宅《かたく》の栖《すみか》御覧《ごらん》ぜよ」というところで塚の引廻《ひきまわ》しが下りて、《痩女》の面を掛けた菟名日処女の亡霊が姿を現す。そこで坊さんは「一念翻《ひるがえ》せば無量の罪をも免るべし」、つまり、そういう現世に対する執着を改めなさいと言って再びお経を唱える。すると幽霊が、焦熱の苦しみは少し消えたけれども、自分のせいで刺し違えた二人の男がこちらに来いと迫ってくるし、射殺された鴛鴦が鉄《くろがね》の嘴《くちばし》で身を抉《えぐ》ろうとする、なんとか助けてくださいと懇願

〈求塚〉後シテ（友枝昭世）。火宅の住処である作物の塚の柱を掴んで縋る。

します。このへんは本当に怖い話です。

友枝　「行かんとすれば前は海」「後《うしろ》は火焔」「左も右も」「水火《すいか》の責に詰められて」と、要するにどこにも逃げ道がない。仕方なく塚の柱をぎゅっとつかむと、そこの柱がばーんと火炎になるので、「あら熱《あつ》や堪《た》へ難《がた》や」で手を離します。

馬場　このへんは見どころですね。

友枝　その後、シテは「獄卒は楚《しもと》を上《（あて）》げて、追っ立つれば」というところで作物から出て、八大地獄の地獄巡りを舞い語ります。楚は木のムチです。

馬場　「炎熱極熱無間《えんねつこくねつむけん》の底に、足上頭下《そくじょおずげ》」ってすごい詞ですね。真っ逆さまということでしょう。ここで、ずしんと膝を落として座りますね。ここの座り方も、すとんと落ちる人と、ずどーんと落ちる人があって、見ているほうは面白い。

友枝　いろいろなやり方があるのでシテとしては工夫のしどころが多いですね。女が地獄でいじめ抜かれたあと、火が消えて真っ暗になり、「今は火宅に帰らんと」で元の塚に入って終わります。

馬場　生きているときの自分の業《ごう》をみせ、死んでからの自分の苦しみをみせて成仏するという展開は、お能の定番の一つです。でも、〈求塚〉のシテは最後は再び塚に帰ってしまう。〈野宮《ののみや》〉の御息所は火宅を出るけれど、〈求塚〉の菟名日処女は火宅の現世に帰っていく。中世の人たちの心の中には、極楽往生したいという願望と共に、現世で生き続けたいという強い情念があったのだと思います。〈求塚〉のシテの閻浮（現世）への執着は、やはり乙女のまま死んでしまったことにあるのでしょうか。
友枝　《小面》の乙女だった頃への未練が断ち切れないのでしょうね。
馬場　〈求塚〉は、前半は華やかで楽しいですし、後半はシテの内面の変化、そこに見る人それぞれの〝哲学〟があるから面白い。ぜひご覧になって中世の深さにふれていただきたいです。

夫を待ち続けるのが罪なのか――〈砧〉

友枝　〈砧〉については、世阿弥が『申楽談儀《さるがくだんぎ》』で「静かなりし夜、砧の能の節を聞きしに、かやうの能の味はひは、末の世に知る人あるまじけれ」と語っていますね。
馬場　前半は本当にその通りだと思います。夕霧という女（シテツレ）が出てきて筑前国（福岡県）芦屋の里に着くところから話が始まりますが、ツレの情況説明から道行へ、たっぷりしていていいですね。その後、シテが出てきて「**それ鴛鴦《えんのう》の衾《ふすま》の下には立去る思を悲しみ、比目《ひぼく》の枕の上には波を隔つる愁《うれ》ひ有り**」と謡います。
友枝　〈求塚〉にも出てきた鴛鴦や比目は仲の良い夫婦の代名詞です。
馬場　「比目の枕の上」とはヒラメの夫婦が枕を並べて寝るという意味で、「波を隔つる愁ひ有り」

ということから、波がくると浮き上がって離れ離れになるのを心配してお互いに見合っているということですね。今日からは思いもつかない譬喩ですが、それほど仲のいい夫婦だったのに、三年前に京に行った夫がずっと帰ってこない。寂しく家で待つ妻のところに夕霧という侍女が訪ねてくる。妻は「いかに夕霧、珍しながら怨めしや」と、初めから怨みがましいことを言います。

友枝　この夕霧は、いわゆるお妾《めかけ》さん的な立場だったんじゃないですかね。

馬場　私もそう思います。夕霧という名も意味深いですね。そのあとに「思ひ出は身に残り昔は変り跡も無し」という有名な条《くだり》があるでしょう。あの人の思い出は私の体が知っている――なんて、普通はこんなことを人前で言わない。夕霧を責めているのです。

友枝　だからこそシテの「いかに夕霧」は難しい。

馬場　「思い出は身に残り」なんていう詞はまさに女の立場ですよね。きっと足利義満のお稚児さんだった世阿弥が、義満に対する思いを言ったんだろうと推測されています。世阿弥が〈砧〉を書いたのは晩年で、その頃は将軍家の支持を失いつつあった世阿弥一派に秋風が吹いていましたから。

友枝　そこから少し話が変わって、シテが「何やら物を打つ音がするけれど、あれはなんだろう」と尋ねると、夕霧が「里人が砧を打つ音です」と言う。するとシテが思い出したように唐土《もろこし》（中国）の砧の故事を語ります。

馬場　前漢の武将・蘇武が胡国に捕らえられたとき、故郷の妻子が夫の夜寒を思いやり、高楼に昇って砧を打った。するとその音が遥か彼方にいる夫に届いた、という話ですね。これにならって、この妻も砧を打って夫の心を慰めようと考えます。

友枝　すると夕霧が「砧などというものは賤しい者が打つものだけれども、あなたの心を慰めるためなら用意しましょう」と言う。これって、取りようによっては、すごく嫌味な感じがしますね。

馬場　いじわるなんですよ、夕霧は。そして砧を打ち始めますが、この「砧の段」の詞は絶品です。

友枝　ここは特に〝文字〟ではなくて〝音〟の味わいですね。「音づれの、稀なる中の秋風に、憂きを知らする夕べかな」などは、「秋」と「憂き」が韻を踏みます。

馬場　夕霧の「宮漏《きゅうろう》高く立つて、風北にめぐり」というところは、声を非常に高く張って謡いますでしょう。なぜでしょう。

友枝　ここまでずっと和語が続いて、ここから漢文になるからじゃないでしょうか。「宮漏」は宮廷にある漏刻《ろうこく》、つまり時計です。次の「隣砧《りんでん》緩《ゆる》く急にして、月西に流る」の「隣砧」は隣の家の砧のことで、その音の間が速くなったり遅くなったりということ。ですから、時間が朝な夕な何となく過ぎていく、というようなイメージだと僕は思っています。

馬場　隣の人が打つ砧の音とともに月はだんだん西空に傾いていくという風情ですね。「今の砧の声添へて君がそなたに吹けや風」音を西風に乗せて、九州から京都まで届かせようと一所懸命に砧を打つ。いつもここでほろっとさせられます。

友枝　けれど、夫がもし自分の夢を見てくれているならば、あまり強く風が吹いて、その夢が覚めてしまうと困るから「其の夢を破るな破れて後《のち》は此の衣、誰か来ても訪《と》ふべき」、これは「来て」と「着て」を掛けていて、その夢（この衣）が破れたら誰が来（着）てくれるだろう。でも「来て訪ふならばいつまでも、衣は裁《た》ちも更《か》へなん」、来（着）てくれるのならばいつまでも衣は繕いますよ、と切々と訴えているんですよね。

馬場　「其の夢を破るな」「破れて後は」とか、「来ても訪ふべき」「来て訪ふならば」というふうに、前の詞を受けて、しりとりのように謡をつないでいく。そのへんの言葉術はなかなかですよね。

友枝　このあたりは型も続いて、情趣があるところです。

馬場　七夕の逢瀬の話をしたあと、「文月七日《ふづきなのか》の暁《あかつき》や、八月九月《はちげつきゅうげつ》げに正《まさ》に長き夜」で、もう一度盛り上げていく。このあたりの巧さも抜群です。

友枝　次の「千声万声《せんせいばんせい》の憂きを人に知らせばや」、ここが世阿弥の一番言いたかったところだと思うんです。「月の色風の気色《けしき》影に置く霜までも心凄き折節に、砧の音、夜嵐、悲《かな》しみの声虫の音《ね》」なんて、世阿弥が「かようの能の味はひは……」と自画自賛するのも無理はないと思います。

馬場　ところが、見る人もシテも情緒たっぷりでいるのに突然「いかに申し候〔都より人の参りて候が〕、殿は此の年の暮にも御下《くだ》りあるまじく候」と夕霧が言う。情緒打ち切りの残酷なリアルさ。

友枝　「旦那様は今年の暮も帰りませんよ」って、いきなり死刑宣告みたいな感じになってしまうんですよね。

馬場　妻は自分は捨てられたんだと思って、「風狂じたる心ちして」死んでしまう。

友枝　実際に生きている人が前シテで、それが死んで後シテになるお能は、この〈砧〉しかないはずです。だからある意味、怨みが際立っていますよね。

後シテは妻の霊ですから、格好は〈求塚〉と同じで、《痩女《やせおんな》》の面に杖をついています。そして〈求塚〉もそうですが、痩女の時は足の運びもちょっと変わります。普通はいわゆるすり足ですけど、痩女の場合は「刀山《とうせん》を踏む」と言って、剣の山（刃先）を一歩一歩踏みしめるように運びます。

馬場　なるほど。ところで私は後シテのクドキの「さりながら我は邪婬《じゃいん》の業《ごう》深き」が理解できない。どうして夫を待ち続ける思いが邪婬だったのか。「怨は葛の葉の」からは延々と怨み言が続きますが、地獄に落ちたのだから早く成仏する方向へ行けばいいのに、それ以上の深い怨みですね。

友枝　同じような怨み言をねちねちと繰り返して、最後のところで、なぜあなたは夢の中で砧の音を聞いてくれなかったの、「思ひ知らずや怨めしや」。

馬場　結局、最後は法華経の力で一応成仏したことになるのですが、それ以上に殿が帰国して「悔《く》いの八千度《やちたび》」と言ってくれたことのほうが嬉しかったでしょうね。砧を打ったことが成仏の道につながるきっかけだったとは、思いは届いたということでしょうか。世阿弥は「かやうの能の味はひは、末の世に知る人あるまじけれ」と言いますが、それは前半だけで、後半は私にはよくわからない。

お玄人《くろうと》はどういうつもりで舞っているのですか。

友枝　僕らは概念よりも、まずは謡を覚えて舞います。謡はストーリーを表したり、誰かの気持ちや季節を描写したりする役割もありますが、〝音〟だけでも充分に成立する。その意味で〈砧〉の謡はすごくいいんですよ。「法華読誦《ほっけどくじゅ》の力にて、幽霊正《まさ》に成仏の、道明らかになりにけり、これも思へばかりそめに擣《う》ちし砧の声の内、開《ひら》くる法《のり》の華心《はなごころ》」というところは、耳のさわりで考えると、輪郭が薄くなって成仏していく感じがしますでしょう。

馬場　それまでのねちねちした怨みがここでふわっと明るくなる。何かを悟って心がほどけるわけですね。私は〈求塚〉の地獄には惹かれますが、〈砧〉の地獄は正直よくわからないんです。でも、こんなふうに答えを出さずに終われば、この能をご覧になった方々が答えを出して下さるでしょう。

黒塚《くろづか》〔安達原《あだちがはら》〕
葵上《あおいのうえ》

鬼になった女

女が鬼に変わるとき——〈黒塚〉

友枝　今回は〈黒塚〉と〈葵上〉ですが、どちらも《般若《はんにゃ》》の面《おもて》を使います。一般にもよく知られている《般若》の面というのは、女性のネガティブな感情が募った果ての顔を表していて、前半の女性の怒りや怨み、そして妬《ねた》みが後半へとつながって、後シテが《般若》を掛けます。喜多流では〈紅葉狩《もみじがり》〉〈黒塚〉〈葵上〉〈道成寺《どうじょうじ》〉に《般若》が一般的に使われますが、もともと《般若》を使う曲は〈葵上〉と〈道成寺〉の二曲です。

馬場　〈黒塚〉と〈紅葉狩〉は本来、《顰《しかみ》》という面でしたよね。

友枝　はい。ですから初演の時は《顰》を使うこともありますが、大体は《般若》を使いますね。

《顰》という面は人間ではない邪悪な存在、鬼などのキャラクターに使う面です。つまり、鬼が本性を隠して女に姿を変えている（顰）か、女が怨みや怒りのあまり鬼と化す（般若）かの違いです。

馬場　〈黒塚〉は観世流では〈安達原〉と言いますが、「みちのくの安達が原の黒塚に鬼こもれりといふはまことか」という『拾遺和歌集』の平兼盛の歌がもとになっている、さまざまな説話の一つです。この黒塚にある伝説は、ある都の女が若君の病気を治すために陸奥《みちのく》へ下り、妊婦の腹を裂いて胎児の肝を取っていたという話。後半で犯行現場である閨（寝屋）を覗かれ、鬼女としての本性を露わにするのですが、もともと女に化けた鬼だったという解釈もあります。

友枝　情念が募り〝女〟が〝鬼〟になる、このほうが物語の深みは増しますね。舞台では最初に引廻しを掛けた作物《つくりもの》の家が出てきて、シテはその中にいます。

馬場　「萩屋《はぎや》」ですね。あばら家を表すもので、竹で骨組みをつくって柴の戸で囲い、枯れたすすきを挿したりもする。その中に中年を過ぎた女が座っている風情、魅了されます。私が大好きな作物です。

友枝　まずワキの祐慶《ゆうけい》という山伏がお供を連れて出てきて、諸国行脚の末に陸奥の安達原まで来たけれど、今日はもう日が暮れたから宿を借りよう、と言います。萩屋の引廻しが下ろされると、中に女が座っていて「げに侘人《わびびと》の習《ならい》程悲しきものはよも有らじ」と謡う。

馬場　いいですね、閑《しず》かで寂しくて。

友枝　そこに山伏が訪ねてきて、一夜の宿を貸してほしいと頼みます。前シテは普通《曲見《しゃくみ》》という中年女性の面を掛けますが、場合によっては《痩女《やせおんな》》のようなやつれた女の面を使うこともあります。

馬場　女が「さらば留まり給へ」と言って扉を開けて萩屋から出て座る。すると、女が座ったところが一瞬にして座敷になる。これは能の舞台展開の面白さの一つですね。

友枝　その時、枠桛輪《わくかせわ》という、紡いだ糸を巻き取って糸玉にする道具が出ます。山伏はその枠桛輪を実際に使ってみせてほしいと頼み、女は恥じらいながらも承諾します。

馬場　このあたりは、侘びしい生活をしている老女の雰囲気が漂っていますが、クセに入ると説法になり、終わりのほうでは「かほど儚《はかな》き夢の世をなどや厭《いと》はざる、我ながら」と、己の身の嘆きに変えていきます。

友枝　その後のロンギの「さてそも五條わたりにて夕顔の宿を尋ねしは」では突然『源氏物語』のキーワードが出てきますね。

馬場　「夕顔の宿」なんて、非常に情緒があって高雅な詞《ことば》ですから、ここでこの女の格が上がるわけです。

友枝　「日蔭の絲の冠《かむり》著《き》し、それは名高き人やらん」から後は、糸に関わるフレーズが、あたかも糸を紡ぐようにずっと続きます。一方で「賀茂の御生《みあれ》に飾りしは、糸毛の車とこそ聞け、糸桜色も盛に咲く頃は」などの詞で、都の華やかな景色が浮かんできます。賀茂の御生は賀茂の祭りの三日前の夜に下鴨神社で行われる神事のことですね。

馬場　この糸繰唄《いとくりうた》の段の美しさと優雅さから「この女はやはり都の女だ」と思う人が出てくるわけです。この段では、昔は男を待つ宵もあったという、女の妖艶な感じが出ています。ところが「今はた賤《しず》が繰《く》る糸の」で現在の自分に帰ってくる。このあたりのシテは謡いながら枠桛輪を回していますよね。

友枝　はい。枠桛輪の前に座って糸を取るんですが、面を掛けていると真下にある糸は見えないので、座る位置などを工夫しないといけない。

馬場　枠桛輪を回す所作は確かに見どころですが、やはりここは謡の力も大きい。「長き命のつれなさを思ひ明石の浦千鳥音をのみ独り鳴き明す」でシテが泣き伏すと、一段落した感じになります。

友枝　やがて、シテがその場を取り繕うかのように、薪《たきぎ》を取りに行きます。シテ柱の方へ少し行きかかったところで足を止めて振り返り「なうなう《ノーノー》構へて妾《わらわ》が閨《ねや》の内ばし御覧候な」と声をかけますが、振り返る時にちょっと躊躇する。「閨を見るな」と言ったほうがいいのか、言うと怪しまれるから言わないほうがいいのか、どうしよう……と逡巡した挙句、言葉をかけます。このあたりから鬼女の雰囲気を出していくのですが、橋掛りの一ノ松からはもう女性の静かな歩き方ではなく、山を駆け上っていくような感じで走っていく。ここが鬼に変わるターニングポイントですね。

〈黒塚〉前シテは糸繰唄を歌い枠桛輪の前で泣き伏す。

馬場　この中入の足の運びは演者によって工夫があるから面白いです。それは言葉ではなかなか伝わらない。実際に見ないとわかりませんね。

友枝　後半に入ると間《あい》狂言が能力《のうりき》（力仕事などを担当する下級の僧）として出てきて、見てはいけないと言われた閨を覗いて仰天し、「大変だ、大変だ」とワキに告げます。ワキが閨を見ると「人の死骸は数知らず、軒と等しほ〔く〕積み置きたり、膿血《のうけつ》忽《たちま》ち融滌《ゆうてき》し、臭穢《しゅうえ》は満ちてはうちやくし〔膨脹〕、膚膩《ふに》悉《ことごと》く爛壊《らんえ》せり」。たとえ字がわからなくても、凄惨な感じが音から伝わります。

馬場　「膿血」「融滌」「臭穢」「爛壊」のような強い言葉で恐怖感を演出していますね。そしてワキは一目散に逃げる。

友枝　舞台の構造上、走って逃げることはできないのでワキ座前へ行きます。そこに鬼となった後シテが柴を背負って出囃子と共に現れます。

馬場　後シテが柴の紐を手で押さえている姿がなかなかいいんですよ。せっかくもてなそうとしていたのに、裏切られて秘密が暴かれてしまった。怒りのあまり柴を捨てることによって本当の鬼に変わるのです。なぜ鬼になったかを考える時に重要なのが、キリの「あさましや恥づかしの我が姿や」。この詞に、隠していたものを見られてしまった女の恥じらいが出ていると思います。《般若》の面だとその心情が生きてくる。一方、《顰》だと、もともとが鬼という設定ですから、少しシテがかわいそうな気もしますね。

友枝　《顰》を使いなさいという型付けは、ある意味《般若》の位の高さを物語っているのかもしれません。若いシテ方がおいそれと使うことが許される面ではない、というような。

馬場　なるほどね。結局後シテは祈り伏せられ消えてしまうわけですが、〈黒塚〉は詞がわかりやすく、舞台展開の変化に富んでいます。そういう意味でもとても面白いお能ですね。

凄まじき女の怨念――〈葵上〉

友枝　一方、〈葵上〉は本当に静かな曲ですね。

馬場　これも人気のある曲です。ただ、謡が長いために聞いているほうとしては大変なところもあります。ストーリー自体は単純で、葵上への嫉妬のあまり生霊《いきりょう》となった六条御息所《ろくじょうのみやすどころ》が修験者に祈り伏せられる、というものですね。〈葵上〉は前半のキャラクターの作り込み方の方向性が〈黒塚〉とは全く違う。〈黒塚〉は劇場型というか立体的だけど、こっちは平面的。だからこそ難しいという位置付けなのでしょうね。謡にも凄みがありますしね。

友枝　まず、葵上を表す小袖が正先《しょうさき》（舞台の正面前方）に置かれます。そして白装束の巫女《みこ》（シテツレ）が出てくる。普通は出囃子が鳴ってから登場人物が出てきますが、この曲のようにお囃子なしで出てくることを「出置《だしお》キ」といいます。要するに、普通のお芝居だと緞帳《どんちょう》があって、開演前にその後ろに舞台装置や登場人物をあらかじめ据えて緞帳を上げるということをしますが、能舞台には緞帳がないので「出置キ」をするわけです。やがて大臣（ワキツレ）が出てきて、謡い始めますが、これは『源氏物語』の中でも特に有名な話ですから「左大臣の御息女葵上の御物の気」という場面の説明があるだけです。

馬場　シテは〈野宮《ののみや》〉と同じ、あの六条御息所です。ところで巫女の最初の呪文の中に「寄人《よりびと》は今ぞ寄り来る長浜の驄《あしげ》の駒に手綱ゆりかけ」という和歌がありますが、これは和歌がこの世の外のものにも通じる呪力を持っているということです。巫女たちはきっとこの歌を唱えてから呪術を始めたのでしょう。

友枝　巫女が梓弓《あずさゆみ》を鳴らすと霊が寄って来ます。梓弓はもともと魔除けの道具ですが、いつからか霊を呼ぶものになりました。舞台では小鼓の打ち出しになるのですが、そうして呼び出されたシテは、《泥眼《でいがん》》という面を掛けています。目に金泥が入っていて、額が少し出ているものです。

馬場　シテの最初の「三つの車に法《のり》の道、火宅《かたく》の内〔門〕をや出《い》でぬらん、夕顔の、宿の破《や》れ車、遣《や》る方無きこそ悲しけれ」という一セイですが、もしかしたら昔は橋掛りに車が出ていたのかもしれませんね。とにかく六条御息所の魂が車に乗って葵上の枕元までやって来たわけです。次の「浮世は牛の小車《おぐるま》の廻《めぐ》るや報なるらん、凡《およ》そ輪廻は車の輪の如く」は、賀茂の祭りの日に車の立て所を争い、辱められたけれど、浮世も輪廻も車のようにぐるぐる廻るのだから、今度は私がいじめてやると言っているんですよね。怨みは忘れないから梓の弓の音に乗ってやってきたと。「や〔あ〕ら恥づかしや今とても忍び車の我が姿」は難しいところですが、「やら恥づかしや」と、急に口語になるところが面白いですね。

友枝　このあと長い謡が続きますが、謡の文句を全部理解する必要は全くないと思いますし、詞のイメージだけでとらえてもらってもいい。「月をば眺め明すとも」というところからは、技術的に言うと和吟《わぎん》と強吟《ごうぎん》が一句ごとに入れ替わる謡い方になります。それによって御息所の生霊の情緒不安定な感じと、その輪郭がゆらいでいる様子が表現されていると思います。

馬場　どこか妖しい気分になりますね。シテのクドキの最後の「かかる怨《うらみ》を晴さんとて、これまで現れ出《い》でたるなり」の「なり」から喜多流は地謡になるのがすごく面白い。どうしてこういう変化になったのでしょう。

友枝　句の途中で地謡が引き継ぐことで、これ以降の謡もシテが謡っているはずの詞であることを表します。また、「出でたるなり」と続けて謡うよりも、「出でたる」で切ってしまったほうが、印象として耳に強く残ると思います。

馬場　地謡が語尾を引き取ることで「あなた（シテ）の言うこともわかるよ」と慰めるような感じになりますね。その後の「思ひ知らずや世の中の情《なさけ》は人の為ならず」、ここは客観的というか社会通念として説得力がある。ところが「我人の為つらければ必ず身にも報《むく》うなり」で「我」が出てくると、がらっとシテの主観的な感情になるんですよ。そこの入れ替わり方が、すごく面白い。そして「あら怨めしや、今は打たでは叶ひ候まじ」で、怨みの感情が頂点に達するわけです。

友枝「打つ」というのは、舞台の上では葵上の小袖を打つということですが、その前にシテツレの巫女が、「あらあさましや六條の、御息所程の御身にて、後妻打《うらなりうち》の御振舞、いかでさる事候べき」と御息所を引き留めます。それでも聞かず、枕元に立ち寄って頭を打《ちょうちゃく》擲する。

馬場「いやいかに思ふとも」が後妻打に入るきっかけになりますが、いろんな型がある一方、あまり動かないシテ方もいますね。「今は打たでは」でワキに左手であしらう動作をする方もいたり。

友枝〈葵上〉は昔は車の作物を出したり、シテに青女房のツレがいたりしたものが、色々そぎ落とされて現在の形になっているので、逆に演出の工夫の余地も大きいと思います。

馬場　実際に派手な演出もありますね。ところで、「怨めしの心や……水暗き沢辺の蛍の影よりも

も私は）光る君と契るぞ」という強い意志に聞こえるのです。

の妻だから、契る（肉体関係を結ぶ）のでしょうね」という、推量の「らん」です。でも「（どうして

の「らん（む）」は推量と意志と両方の意味がある。ここは「私はともかくあなた（葵上）は光る君

光る君とぞ契らん」は、解釈に誤解が生じやすいところかもしれませんね。というのは「契らん」

友枝　ここの前の「生きて此の世にましまさば」の主語は葵上なので、「あなたはこの世にある限り光る君と契ることができるでしょうね」という推量ですが、確かに謡を聞いていると、主語が御息所で、それこそ演歌じゃないけれど「蛍になっても契りたい」というふうにも聞こえます（笑）。

馬場　そうでしょう。その後にも「**夢にだに返らぬものを我が契**」と、意志の「契らん」とは対照的なことを謡っています。こんなあさましい正体を見られてしまったから、あなたとの契りは永遠に失われてしまった。そして「**其の面影も恥づかしや**」で持っていた扇を捨てます。

友枝　そして上に着ている装束の胸元に手を突っ込んで、壺折《つぼおり》をずぼっと引き抜き、小袖の上に覆い被さって、そのまま後見座へ連れていこうとする。車争いでぼろぼろにされた車に葵上を乗せて、自分の世界に引きずり込んでいくところです

馬場　大臣《おとど》も、もう巫女ではだめだから、比叡山で一番強い験力《げんりょく》をもつ小聖《こひじり》を呼ぶ。それでやっとワキの小聖が出て来てノット（祝詞）になりますが、この囃子がまた独特ですね。

友枝　ノットのお囃子も梓弓を鳴らす時とほぼ同じです。そのノットに引かれるように、《般若》

の面を掛け、唐織を被ってうつ伏せになっているシテが、加持をしているワキの背後に近づきます。

馬場　それをワキに悟られて、御息所と小聖の祈りになるわけですが、〈黒塚〉と比較するといかがですか。

友枝　祈りの最中はさまざまな動作をしますが、基本的にシテは〝執着〟の方向に意識を向けていきます。〈葵上〉の場合は、正先に寝ている葵上に、〈黒塚〉の場合は閨の内に執着がある。〈葵上〉では、隙あれば小袖にとりつきたいという怨念の周波を送っています。やがて「やら《〔あ〕》やら《〔あ〕》恐ろしの般若声や」で、打杖を捨てて扇に持ち替え、御息所が成仏得脱《じょうぶつとくだつ》して安堵して終わる。『源氏物語』とは異なる結末です。

〈葵上〉《般若》の面を掛け、打杖を持つ後シテ。摺箔は三角の重なった鱗紋様。

馬場　般若声とは悟りを促す声のことですね。後シテは最後、《般若》の面のまま合掌するのですが、いくら心は成仏得脱しても、あそこまで変わってしまった女の顔がいっぺんに元に戻るわけはない。私は橋掛りを渡って楽屋に戻った頃に、悟った面に戻っていると考えています。それにしても六条御息所の怨念は凄まじい。情念・心の鬼という面からみると、とても大きな女人像ということは間違いありませんね。

月下に輝く情念

松風《まつかぜ》

融《とおる》

月の影を汲む姉妹――〈松風〉

馬場　〈松風〉は昔から、「熊野《ゆや》（湯谷）松風は米の飯」といわれるほど上演回数が多いポピュラーな曲ですが、ではなぜ〈松風〉がそれほど好まれるのかというと、なかなか答えにくいですね。

友枝　たしかにそうですね。

馬場　現在の大学生に能楽体験で〈松風〉を見せると、ほとんど全員が眠ってしまいます。ですから、舞台が始まる前に解釈と鑑賞をしておかないと今の人はもたないんですよね。ほとんどが『源氏物語』と『古今集』との伝統を引きながら詞《ことば》が作られていて、それを面白いと思えるかどうか。いずれにしても、初心者に最初に見せる曲でないことは身に染みているんですが――。お話は、ひとりの坊さんが須磨の方へやってきて、松風・村雨という姉妹《きょうだい》のしるしの松があるので、念仏供養をしようと言うと、そこへ汐汲みの姉妹が登場するところから始まります。

友枝　松風（シテ）と村雨（シテツレ）は、真《しん》ノ一声《いっせい》という出囃子で出てきます。これは脇能でシテとシテツレが出てくるときの出囃子で、脇能以外で真ノ一声があるのはこの曲だけです。また、〈松風〉は中入がないお能なので、間《あい》狂言がないんですけど、最初にお狂言が出てきて、ここは松風・村雨の旧跡だと教えるという、大事さがわかります。お能の古い形式を残している。このへんからも、〈松風〉という曲の格というか、大事さがわかります。そしてシテとツレは情緒深い濃厚な謡を謡いますが、その謡は延々と海と月の描写で、二人がどういう人かという話はほとんど出てこないんですね。ワキとの問答が始まったときに初めて松風・村雨の物語がスタートする。そこまで小一時間かかるので、相当知識がないと眠くなるのは間違いないでしょうね。

馬場　〈松風〉は一曲に二つのお能があるような感じがします。前半はその当時の汐汲みの女の情緒的な物語で、ワキが塩屋へ宿を借りに行ってから、やっと松風・村雨の物語が始まる。

友枝　ですから、前半は「汐汲み」というお能、後半が「松風村雨」というお能で、観阿弥か世阿弥が一つにしたというふうにいわれています。

馬場　そうすると前半の魅力は、汐汲みの所作にあって、きれいな汐汲車の作物《つくりもの》が真ノ一声のところで出されますね。この作物が出てくると舞台がしまるんですよね。これから華やかないいものが始まるというイメージが湧きます。

友枝　真ノ一声が始まると、後見が手で持てるくらいの汐汲車を舞台の目付柱のあたりに置きます。シテとシテツレが出てきて、「汐汲車わづかなる、浮世に廻《めぐ》る儚《はかな》さよ、波ここもとや須磨の浦、月さへ濡す袂《たもと》かな」と橋掛りで向かい合って謡って、そのあと舞台に入っていきます。ほんとうはその間ずっと姉妹が汐汲車を引っ張っているはずなんですけど、舞台隅に置物のように置いてある。だから多分見てる人はよくわからないと思います。舞台の正面には松の作物があって、真ん中にシテツレが立ち、シテ柱のそば、いわゆる常座《じょうざ》にシテが立ち、向かい合った状態で謡を謡います。

馬場　シテは面《おもて》が少し曇っている感じ、ツレはいつも照っている気がします。

友枝　ツレは面遣いをほぼしませんが、シテが面遣いをするときに結構下を見ることが多いので、そのように見えるのかもしれませんね。ツレといっても位の高いツレですから、シテと同格とはいわないまでも、どういう面を使うかも見どころですね。例えば、シテには古作の伝来の面を使って、ツレにはそれを現代の面打ちが巧みに写したものを使うというようにしたり、逆にそれぞれの個性が出るような面の使い方もありますし、アプローチの方法はいろいろですね。

馬場　ツレが格の高い面を付けて出てくると、能じたいの品位も高くなる気がしますね。シテの面遣いが曇りがちにならざるを得ないとすると、愁いの深いシテとツレの雰囲気のちがいが出てきていいわけです。初同《しょどう》の「かくばかり経難《へがた》く見ゆる世の中に」からは、身に染みる内容でもあり、これから汐を汲もうというところなので、大事な場面だと思う。「影恥づかしき我が姿」も、ちょっと足を引くだけですけれど、はっとするんですよね。そこから初同の終わりまで、詞もいいですし、かすかな動きですけど見ていただく価値のある場面です。

友枝　大きい節を使ってたっぷりと謡っているので、意味はともかく、抒情的でアピール度の高い謡になりますね。シテが「月の夜汐を汲んで家路に帰り候はん」と言うところで、シテとシテツレの場所が入れ替わって、シテが真ん中に来ます。そしてまた二人で謡うのですが、須磨の月を想像して、節でイメージが増幅する謡を謡いたいところですね。

馬場「いざいざ汐を汲まんとて」からあとは型がわりと多くて、なにか起こるという期待も高まりますし、「寄せては帰るかたをなみ」ではお囃子がちょっとカカってくれていいですね。

友枝　ここで、目付柱の近くにいるツレがまっすぐ下がって、大小前にいるシテが入れ替わりに前に出ます。ただ下がる、出るだけの動きですけど、それが「寄せては帰る」という言葉をうまく象徴した型になっています。この前も、このあとも動きがなくなっていくので、「寄せては帰る」の型が強烈に印象に残るんです。

馬場　「更け行く月こそさやかなれ、汲むは影なれや」のあたりから、桶の中に水を汲むという動きになります。前半の一つの山場ですね。

友枝　最近やっと「汲むは影なれや」という詞がわかったんです。空《から》の桶に水を汲むと桶の水に月が映っている――ということは、ただ汐を汲むのではなく、月の影（姿）を汲んでいるということなんですね。続く「焼く塩煙心せよ」というのは、ただの汐ではない、月の影が入った汐を焼くんだから心しなさいということなのかと腑に落ちて。とすると、汲んだ汐を持って帰るのではなく、月の影を持って帰るという感じになって、次のロンギの謡が非常に生きてくるというのに気がつきました。

馬場　なるほどそれは面白い解釈ですね。そして、ロンギはやっぱり詩ですね。歌枕でもって語っているのですが、「阿漕《あこぎ》が浦に引く」「再び世にも出でばや」「月こそさはれ蘆の屋」「灘の汐汲む憂き身」といった、月光の明るさとは逆の、自分たちの境遇をはかなむような詞がところどころに入っています。「月は一つ、影は二つ」と言いますが、影は二つというのは桶が二つでしょうか。

友枝　観世流は二つ桶があって、シテの桶とツレの桶という考え方のはずです。喜多流は桶は一つで、一つは桶の水に映る月の影、一つは海に映っている月の影です。だから「月は一つ」で月を見て、「影は二つ」で桶とその向こうの海を見る感じですね。「満つ潮の夜の車に月を載せて」というところから、少しだけ笛座のほうへ車を引いていって、拍子を一つ踏んで、紐をパタッと落とす。

馬場　これで終わりという感じですね。ここで実際に前段が終わるんですが、ここまでが長くて大変なんですよね。後半だけを半能でするということはないですよね（笑）。

友枝　ないですね（笑）。基本的に半能は中入がある曲の中入後だけをするものですから。〈松風〉は中入なしで一時間五十分ほどかかるので、いろいろな意味で大曲です。

馬場　姉妹が塩屋へ帰ってきてからが後段で、一夜の宿を請う僧（ワキ）との問答があって、姉妹が旅僧をもてなし、自分たちの過去と在原行平《ありわらのゆきひら》への思いを打ち明けます。

友枝　問答の次のワキの語リのところでは、囃子方が床几から降りてしまうんですね。だから中入みたいな感じもあります。

馬場　ワキの語リのあと、シテは床几に掛かり、ツレは慎しく座ったまま二人でクドキます。シテは少し低い声で、ツレがやや高い声で、二人が同じことをくどいているということは、姉と妹の心が一つだという哀切感が高まっていきます。もしこれが、シテ単独のお能だったらどうかと時々考えるんですけれど、ツレの存在は大きいですよね。

友枝　ツレと連吟があって、シテが一人で謡って、また連吟になって、というコンビネーションになっているから、長々した謡が謡として成立すると思います。ワキの問答からクドキ、クセと続きますが、クセになると後見がシテに長絹《ちょうけん》と金風折《きんかざおり》を渡します。これが三年間須磨に住んでいた行平の形見で、烏帽子を見たり語りかけたりしているうちに形見がだんだん行平の分身になって、

「宵々に脱ぎて我が寝《ぬ》る狩衣《かりごろも》」なんて妖艶な言葉になります。

馬場　そのへんの型は濃艶無比といわれるくらいですけれど、「忘れ形見もよし無しと、捨てても置かれず取れば面影に立ち増《まさ》り、起き臥しわかで枕より、後《あと》より恋の責め来れば、せん方涙に臥し沈むことぞ悲しき」という数行なんて〈松風〉の命のようなところですね。

友枝　「捨てても置かれず」で長絹を左にぱっと投げ捨てるような型をして、「取れば面影に」ともう一度持ち上げて、「涙に臥し沈むことぞ悲しき」で泣き崩れ、そのまま物著《ものぎ》になって烏帽子と長絹を身につけます。舞台上で装束を着たり替えたりすることを「物著（物着）」といいますが、こういう印象的な強い型は目立つので、目立たせようと演じるのは僕としては良くないような気がするのですが。

〈松風〉後シテ（友枝昭世）。恋人だった在原行平の形見の衣を身につけて舞う。

馬場　あまり控えめにやったらつまらないんですよね。

友枝　そうなんです。だから、そのへんの匙加減が難しいですね。

馬場　シテが物著後に「あら嬉しやあの《あれ》松陰に、行平の御立ちあるが、松風と召されさむらふぞ〔ぞや〕、いで参ろう」と言うところは半分狂気になっていますが、それを受けてシテツレが「あさましやさやうの御心故にこそ、執心《しゅうしん》の罪にも沈み給へ」と言う。同じように行平を恋慕していながら、烏帽子狩衣を抱いたときの姉の心の変化と、それを見ている妹の心の変化は、主情的なものと客観的なものとがくっきりと際立ってきます。それは、二人の人格なのか、あるいは一人の人格のなかにある情念と理性なのか。私は「あらあさましや」以下のツレが好きなので、誰がどんなふうにツレをやってくれるか楽しみなんですけれど、このツレは実力のある人にしてもらいたい。おやりになったことはありますか。

友枝　ないです。

馬場　ぜひツレをやってください。

友枝　はい。ここらへんからは中《ちゅう》ノ舞と破《は》ノ舞があって、キリまでは手の入れようがないですね。

馬場　キリは情緒があって型も華やかですよね。三つくらいに切れて、一つ一つに山があって、よくできているキリだと思います。

友枝　この部分は仕舞や舞囃子でしょっちゅう出ますものね。破ノ舞の後も大ノリが続き「我が跡弔ひてたび給へ、暇《いとま》申して、帰る浪の音の」の「暇申して」で拍子を踏んでから小ノリに変わって、だんだんお終いに近づく感じですね。

馬場　そして「松風ばかりや残るらん」と、小ノリでしっとりと納めていくところがいいと思います。やっぱり秋になると、〈井筒〉か〈松風〉を見たいなあという気になります。

廃墟を照らし続ける月――〈融〉

友枝　〈融〉は〈松風〉と同じく月がテーマのお能ですが、主人公の源融と、彼が住んでいた河原院という屋敷のことを知らないで見ても面白くないのではないでしょうか。

馬場　そうですね。融の大臣は嵯峨天皇の末子で、従一位左大臣という位をもらうのですが、陽成天皇の外戚の藤原基経《もとつね》が摂政になると、お飾りの左大臣でしかなくなった。そのうっぷんをはらすために、六条河原に贅を尽くした大邸宅を構えて引き籠り、陸奥《みちのく》の塩竈《しおがま》の風景を忠実に写した庭園を造り、毎日難波の浦から運ばせた海水を焼かせていた。河原院には、政治や身分制度に対する不満や歎きを抱いた文化人たちが集まって、毎晩のように夜遊が重ねられていました。在原業平《ありわらのなりひら》もほとんど毎日ここへ出仕していたし、紀貫之は廃墟になってからの河原院を訪ねたときに、「君まさで煙たえにし塩がまのうらさびしくも見えわたるかな」という歌を作っています。私がいちばん問題だと思うのは、なぜ須磨や伊勢の風景ではなく、塩竈だったのか。そこには、自分は陸奥に流されているのと同じだという、融の詩人としての気持ちがあって、莫大な財産を一代で使い切ってやるという滅亡への意志が現れているのだと思います。融の死後、屋敷は宇多天皇に献上されるのですが、融は鬼となってそこに住み続けたという話が『今昔物語』などにあります。〈融〉はもともと鬼の能だったという話がありますね。

友枝　鬼だったときのお能は観阿弥がつくり、世阿弥がそれを今のように直したということになっています。だから〈融〉の前半は恨みが顔をのぞかせる。

馬場　零落した悲しみ、恨みですね。

友枝　融の時代は、千賀《ちか》の塩竈が東歌《あずまうた》にあったとしても、都の人たちは融の邸宅から千賀の塩竈を知ったかもしれない。というのも、千賀の塩竈が歌枕となっている歌を調べてみたら、ほぼ河原院と結びついていたので。

馬場　その通りです。旅の僧（ワキ）が出てきて都に着いたと告げると、田子《たご》を担いだ翁（前シテ）が一声の囃子で出てきます。前シテの面《おもて》は《三光尉《さんこうじょう》》ですか。

友枝　はい。格好は〈鵜飼〉と一緒で、茶か紺の無地熨斗目の着流しに、茶か鼠色などの水衣という地味な格好です。それに腰蓑を付けて、天秤棒の左右に汐汲みの桶がついた田子を担ぎます。シテは「月もはや、出潮《でじお》になりて塩竈の、うら寂《〔渡〕》びまさる、夕べかな」の一セイからサシコエで、今日は中秋の名月で、自分は老い衰えているという長めの謡を謡います。

馬場　「陸奥はいづくはあれど塩竈の、恨みて渡る老《おい》が身の」と淡々と歌うサシコエは渋い姿としつとりと合っていいと思う。で、小ノリになって「秋は半ば、身は已《すで》に、老い重なりて諸白髪《もろしらが》」というのが身に染みてきます。

友枝　最初の謡が長いのは、それなりの理由があって、存在感を出さなければいけないので難しいですね。ただ、時間が限られているときは一セイを謡ったあとサシコエを省略することもあります。ストーリーとしてはおかしくないので。

馬場　前半は廃墟を謡うところですね。日本人は廃墟が好きなんですよ。ことに詩人たちは、滅びた無のところに、現実を超える風景であり、詩であり、歴史を想像するんですね。

〈融〉汐汲みの田子を担いだ前シテ。水衣の袖を肩に止めているのは何かの作業をすることを表している。

友枝　ワキとシテの掛け合いのあとの「げにや古《いにしえ》も月には千賀の塩竃の」という初同が象徴的だなと思っているんですが、これは、月は河原院ができる前のそこも、融が住んでいた頃の塩竃も、廃墟になってからも照らしてきた。月を基準に考えると廃墟になった時間はまだ近いという意味だと思う。

馬場　次の「浦曲《うらわ》の秋も半ば〔に〕とて、松風も立つなりや、霧の籬《まがき》の島隠れ」なんて、節もいいですけれど、うまい詞だなと思います。「立つ」は松風にも、霧にも掛かっていますが、籬の島ってどんな島だったのでしょう。これにあてた島が塩竈にあるようですが。

友枝　塩竈湾内の小さな島に籬（曲木）神社があって、港から橋が掛かっているようです。シテの語リになって、語リのあとの方で節がついて、強吟《ごうぎん》から和吟になっていきますが、工夫のしがいがあるところです。和吟の「君まさで煙絶えにし塩竈の、うら寂しくも見え渡るかなと」というところは、僕の勝手な想像ですが、貫之が歌を詠んだときの姿も融の霊は見ていて、歌に詠まれたことで再び名が上がる廃墟を複雑な気持ちで見ていたんだろうと。そのあとの「あら昔恋しや、恋しや恋しやと慕へども願へ〔歎け〕ども、かひも渚《なぎさ》の浦千鳥音《ね》をのみ鳴くばかりなり」というところは、見ている人が共感ができるように謡いたいですね。

馬場　強い調子から急にもろくなってしまう。もろすぎるような気もしますが、型はどうですか。

友枝　立ったまま両手で諸《もろ》ジオリをします。少ない型で情緒を出すのは難しいです。

馬場　それからワキが、いま見えている山々は名所かとシテに聞き、名所教えになりますが、大きな屋敷の跡地ですから、見える山の数も多いですね。

友枝　音羽山、逢坂山、稲荷山……と十か所以上あって、この前地図で調べてみたら、東から南、南から西へ時計回りに続いていました。

馬場　そのあとの「身をばげに、忘れたり秋の夜の長物語よしなや、まづいざや汐を汲まんとて」はいいところですね。「持つや田子の桶」で田子をもう一度かついで汐を汲むんですね。このとき田子についた桶を正面の舞台外に出しますね。あれはなぜなんでしょう。

友枝　たぶんもともとはそういう型じゃなかったと僕は思います。いつからか、たまたまどなたかがされたのを見て、みんながやり始めたんだと思います。

馬場　友枝昭世さんが厳島神社の舞台でおやりになったのが印象的でしたね。舞台の外は本当の海ですからね。

友枝　汐を汲んだあと、田子を後ろに落として中入です。後シテは一ノ松で「**忘れて年を経《へ》しものを、又古《いにしえ》に帰る浪の……**」と謡います。これはすごく共感できる謡だなと思う。そして、融の大臣とは我が事なりと言って、月あかりのもとで華やかなりしころを偲ばせながら舞を舞います。

馬場　後半は装束の美しさと舞の流麗さが中心になっています。装束について教えてください。

友枝　面は《中将《ちゅうじょう》》で、初冠《ういかんむり》をつけています。装束は単狩衣《ひとえかりぎぬ》に指貫《さしぬき》という貴族の出立です。指貫は裾を紐でくくった袴で、大口や半切とは違う品の良さがあります。

馬場　装束も華やかですし、舞も颯爽としたいいキリですよね。型を見ていても言わんとすることがだいたいわかりますし、鈎《つりばり》とか弓の影とかリアルなものも出てきて、屋敷でさまざまな遊びがあったことを想像させます。そして「**鳥も鳴き、鐘も聞えて、月もはや、影傾きて明け方の、雲となり雨となる**」で終わっていく。寂しいけれども、型の多さが名残惜しさにつながっていくところがあって、素晴らしいです。

友枝　月が傾いて明け方になっていくことで、逆に寂寥感が増すというのでしょうか。「月もはや」で扇をかざして幕の方を見ます。ちなみに、喜多流では陽が昇る東は幕の方で、日が暮れる西はワキ柱の方ですが、観世流は逆ですね。

馬場　たしかに、名所教えも観世流で見ると、指し方が逆になっていますね。キリの終わりの方に話を戻しますと、光のなかに溶明していくという寂しさ、明るく消えいく寂しさは独特のものだと思います。

友枝　キリの最後が「名残惜しの面影」。こういう体言止めで終わるのは、〈融〉と〈野宮〉くらいです。「此の光陰に誘はれて、月の都に入り給ふよそほひ、あら名残惜しの面影や」のところは「追加」にも使われます。一日何番もやっていた時代には、最後に祝言《しゅうげん》の短いお能をやっていたのですが、それも短くして、曲の最後のところだけ謡ったのを「付《つけ》祝言」といいます。それに対して、その公演がだれかの追善や追悼だったりするときに、最後に付けるのを「追加」といいます。「月の都に入る」というのを遠行にたとえて、名残を惜しむという意味になるからですね。

馬場　出棺のときに謡われたりすることもありますね。

友枝　〈融〉自体が準追善の曲ともいえます。

憂き世と浮き世

弱法師《よろぼし》 自然居士《じねんこじ》

可憐な面《おもて》に宿る心は――〈弱法師〉

馬場　〈弱法師〉は、よろぼうし、よわぼうしと読んだりする人がいますが、「よろぼし」です。弱法師というのは、大阪の天王寺界隈に集まって、施しを受けたり、観光名所でもある四天王寺（天王寺は通称）を案内したり、舞を舞って鳥目《ちょうもく》をもらったりして暮らしていた乞丐人《こつがいにん》や盲目の人たちのことで、よろよろ歩く人という意味で「よろ」。法師というのは、お坊さんのように現世から外れた人たちということで「弱法師」という言い方になじんでいただければいいと思います。

初めに登場するのは、高安里《たかやすのさと》に住む左衛門尉通俊《さえもんのじょうみちとし》で、自分の息子を他人の讒言《ざんげん》によって追放したけれども今は後悔していて、天王寺で七日間、罪滅ぼしの施行をしている。今日は満願の日なので、最後の施行をしようと思う、と言います。このワキ方は名宣《なの》リ笛で登場しますが、なかなか情緒的でいいですね。まず、ワキの扮装について教えて頂けますか。

友枝　素袍上下《すおうじょうげ》という格好です。中に、熨斗目《のしめ》というもっとも簡素な着物が段模様になっている段熨斗目を着て、大袖・長袴の上下を着け、小《ちい》さ刀を差します。素袍は、武家の礼服で、着物のランクでは裃《かみしも》よりもちょっと上ですが、能の舞台ではいちばん簡素な格好、いわゆる武家の普段着を表しています。長袴でなく、大口（袴）になると格があがってきます。

馬場　そのあとシテの弱法師が出てきて、一ノ松で延々と讒言によって零落した境涯を謡います。シテは少年ですか。

友枝　はい。見た目は青年より少し手前の感じです。水衣《みずごろも》に着流しですが、着附《きつけ》に渋めの赤が入ったものを使うことで少年性を出したりもします。面《おもて》は《弱法師》という専用面を使います。《童子》という面を盲目にしたようなもので、髪を結ってない黒頭《くろがしら》という出立です。結ってないということで子どもである（元服をしていない）ことと、社会的立場の埒外にいるということを表しています。そして盲目であることを象徴する杖をついています。

ところが、シテの謡には「鴛鴦《えんおう》の衾《ふすま》の下」とか「比目《ひぼく》の枕」「妹背《いもせ》の山」といった男女に関する文句がたくさん使われていて、昔は舞台上に奥さんが出てきたんじゃないかといわれたりします。

馬場　妻という面影があったほうが、世俗的な生活はうまくいっていたのに、讒言により妻とも別れていまここに一人でいるという孤独感が引き立って、いい場合もあるのですが、弱法師一人の方が孤独感は強いかなという気がします。

友枝　だから詞《ことば》には残っていますが、演出的には一人のほうがいいという考えを現在は踏襲していますし、僕らは、艶っぽく謡うことはなく、自分の身の上を純粋に嘆くという気持ちで謡っていきます。

馬場　中世ものには、自分の勢力拡大のために自分の敵に対して讒言をするということが多く見られます。父親が追放するくらいの讒言だから、よほどの讒言だったと思うのですが、それによって不孝の罪に沈み、思いの涙がかき曇って盲目になったということは、いまも内面に屈折したものがあるシテだと考えていいのではないかと思います。

友枝　シテが一ノ松から舞台へ歩いてきて、「仏法最初の天王寺の石の鳥居ここなれや」と言うところで、シテ柱を天王寺の石の鳥居に見立てて、鳥居を越えたことを、後ろ手に杖でさぐって確認する。普通は杖を先に出すのですが、ここだけはくぐった後に杖を出すんです。盲目の人の杖の使い方の存在感が出るところですね。弱法師の雰囲気をつくっていくときに大事な最初のシーンです。

馬場　その杖の使い方は初めて聞きました。そのあとシテとお父さんのワキとのやりとりがあって、自分が弱法師といわれていることを告げると、「まずまず施行《せぎょう》を受け候へ」とワキが言い、シテは「受け参らせ候はん《（あらありがたや候）》」と答えたあと「や、花の香《か》の聞え候」と言う。香を聞くというのは、きわめて日本的な表現で、この言葉を聞いただけで、ただの乞食でないことがわかるんですね。

友枝　シテは「受け参らせ候はん」で袖を広げて、施しを受けるような型をして「や、花の香の聞え候」と言うんですけど、品の良さと、どこからともなく香ってくるという距離感とを「や」という一字にこめる。難しいですね。

馬場　前半のなかでもいちばん好きなところです。それから初同《しょどう》、序、サシ、クセとずっと謡が続いていきます。

友枝　シテは、難波津の春なら梅といわずに此花《このはな》と言うべきなのにと、『古今集』仮名序の「難波津に咲くや此花冬ごもり今を春べと咲くやこの花」を引きつつ謡います。「花をさへ受くる施行の色々に、匂ひ来にけり梅衣の……遊び戯れ舞ひ謡ふ」という初同は、梅の花が凛と咲いているような春ではなくて、どこからともなく梅の花が匂ってくるようなやさしい雰囲気で、地謡としてはここをきれいに謡って、二月時正《きさらぎじしょう》の日、要するに春分の日のおだやかな感じと、シテの品の良さを一度に出していかないといけないですね。

馬場　このへんは居グセの前なので少し動きがありますか。

友枝　ほかの初同と同じようにくるっと左回りに一周するだけですが、杖を胸元の高いところに構えて、一足ごとに杖でさぐりながら歩く。まず杖を出して、右足を運び、杖を出して、左足を運ぶというのを繰り返すので時間がかかり、所作も多いので、目立つ動きではありますね。

馬場　居グセは天王寺の由緒来歴や仏像の説明になっていますす。クセのリズムは気持ちがいいから聞いていられるんですが、地謡が上手に謡ってくれないと、またシテが美しく座っていてくれないと、初心者が退屈してしまうところですね。

友枝　クセの最後、「おし照る海山も皆成仏《じょうぶつ》の姿なり」のところでシテはたいてい正面に向かって合掌する。だんだん日が暮れて夕日に照らされる景色を、見えないけれども見えるつもりで拝んでいる感じです。これはあとで出てくる仕舞どころの日想観《じっそうかん》——夕日を拝む法につながっていくので、大した動きはないですが、おろそかにはできないクセです。

馬場　風景そのものの中に法《のり》に適った精神を見るという、実に日本的な思想です。

〈弱法師〉シテ（友枝昭世）は杖の先で天王寺の鳥居を探る。

天王寺の説明を聞いているうちに、ワキは弱法師が自分の子だとわかってきて、日想観の時節、つまり日没の時刻だから夕陽を拝みなさいという。面白いのは、極楽浄土は西の方にあるのに、「東《とう》門《もん》を拝み南無阿弥陀仏」「やあ（なに）東門とは謂《い》はれなや、ここは西門《さいもん》の石の鳥居よ」「あら愚かや、天王寺の西門を出でて、極楽の東門に向ふは僻事《ひがこと》か」というシテとワキの掛け合いです。

友枝　とんちといえばとんちのようで、要するに天王寺の西門の向こうには浄土の東門があるはずでしょと。ワキにつっかからせておいて、話を深めていくというのは能の常套手段ですね。「住吉の松の木間《こま》より眺むれば、月落ちかかる淡路島山と」のあと仕舞どころになりますが、眺む、詠めるという言葉を使って、自分がかつて見えた景色を謡っています。派手な謡ではないけれど、存在感のあるいい謡ですね。

馬場　「日想観なれば……紀の海までも、見えたり見えたり」「おお見るぞとよ、見るぞとよ」とありますが、「見える」と「見る」とのちがいが大事だと思っていて、見えるというのは、自分の過去の中にある風景を回想すると見えるわけです。ところが「見る」はちがう。ここで弱法師はいったい何を見たのだろう。盲人には見えないと思っているだろうけれど、自分には、現実の人の心の奥も見えるし、自分たちに対する世間の扱いも見える。そういうなかで自分の人間的な尊厳も抱きながら生きて行くと宣言しているような気がします。ここは同時に型どころなんですね。

友枝　「日想観なれば雲も波の、淡路絵島、須磨明石、紀の海」のところでは、景色を指し示すように杖を使っていくんですけど、見えてないけど見えているようにする。「おお見るぞとよ、見るぞとよ」というときには、ほんとに遠くを見るように面を遣うのか、心の中の景色を見るように伏せがちで遣うのかは人によりますから、面遣いも見どころの一つになります。

馬場　ところが、自分には見える、見るぞ、と叫んだけれども、実際は「貴賤の人に行き合ひの、転《まろ》び漂《ただよ》ひ難波江に、足許《あしもと》はよろよろと、げにも真《まこと》の弱法師とて、人は笑ひ給ふぞや」という、現実の悲しさに引き戻されます。

友枝　往来の人にぶつかって、よけて遁れるような型があり、「人は笑ひ給ふぞや」のところは杖でまわりを指し廻すんですが、祖父の友枝喜久夫は見えない目でまわりの人を一所懸命見ようとしていたのが印象的でした。

馬場　喜久夫先生の場合は、ぶつかって、あ痛ったっという細かくて鋭い動きで、そこのところに悲しみがにじむ、素晴らしい型でした。

友枝　ああいう型は何度ビデオを見てもまねできないんですよね。

馬場　芸が神髄に入らないとできないことなのかもしれないし、人間のさまざまな動きをリアルに観察して会得していかないとできないことなのかもしれない。

友枝　逆に、実はリアルな動きではないのに、舞台で見るとすごくリアルに見えるということもあります。

馬場　ある程度大きな技と小技との両方ができて、それを使い分けられるようにならないと、できない場面かもしれませんね。
友枝　精神性は完全に大人だけど、姿は可憐というのが弱法師に求められる姿ですね。
馬場　面は可憐なのですが、辛い体験によって心はむしろ老人で、老練な老獪な演技が必要ですね。そんななかで、能の台本にはもう自分の子どもだとわかっているのに、「其の名を名宣《なの》り給へや」って言うのですね。
友枝　シテが「俊徳丸が果なり」、ワキが「これこそは父高安の通俊よ」と名宣り、父の声だと知った俊徳丸は「親ながら恥づかし」と言って逃げようとする。それをワキが追い止めて、お狂言が後ろから送る型がスタンダードですが、ここはいろいろなやり方があります。
馬場　父子いっしょに帰ればいいのに、子どもが先に帰ってお父さんがあとからついていくんですね。
友枝　お能は一曲が終わるときに誰かが舞台にいないとしまらないんですよ。
馬場　俊徳丸の伝説は、江戸時代に浄瑠璃や歌舞伎の『摂州合邦辻《せっしゅうがっぽうがつじ》』、説経節の『しんとく丸』になり、現代でも寺山修司作、蜷川幸雄演出の『身毒丸《しんとくまる》』とか、いろいろに発展していくんですけれど、貴族の中には業病《ごうびょう》の血が流れていて、それが純粋な愛によって浄化されていくというような話が日本人は好きなのですね。その原型としての能の〈弱法師〉ですが、非常に簡潔にできていて、説教節のようなどろどろとしたところがなくて素晴らしいと思います。

面白づくの芸能――〈自然居士〉

友枝　〈自然居士〉は喝食物《かっしきもの》ともよばれる曲の一つで、《喝食》という面《おもて》を使います。これは出家前の男の子の髪型を模していて、銀杏の葉のような前髪が残っているのが可愛い面です。この喝食を使う曲が〈花月《かげつ》〉〈東岸居士《とうがんこじ》〉と〈自然居士〉で、芸を見せつつ仏法を説く人を主人公にしています。僕らは喝食は面だと思っているわけですが、宗教的にはどうなんでしょうか。

馬場　喝食は本来禅寺で長老の給仕を担当した食事係の少年です。自然居士はもとは喝食ですが、有髪のまま仏道の修行を積んで居士とよばれる在家の人です。外に出て説法もする。清少納言の時代から僧は美男で声が良くなければならないといわれていますが、自然居士も説法の評判がよくて、アイドルみたいに群衆が集まってきて、それを聞くのが庶民の娯楽であり信仰であったわけです。

友枝　〈自然居士〉は、ある子どもが自分の身を売って得た衣でもって、自然居士に親の弔いを頼むところから始まり、自然居士がその子どもを人商人《ひとあきんど》から救うという正義感の強いストーリーですが、人商人が無理難題を言って芸をやらせるところが見どころで、誰が見ても面白い、すかっとした曲です。観阿弥のつくった物まね芸としてのお能の原点みたいな曲ともいえます。

馬場　喝食は長老の食事が終わったあと、芸を披露することもあったのではないでしょうか。その芸は、特別の場の遊楽だったわけで、売り物ではなかった。ですから、自然居士の芸も、日頃一般人の前でやる芸ではなかったということを予備知識として頭に入れておくと、それを大道でやるよう無理強いされた居士の口惜しさと悲しさと勇気が感じられるかなと思います。

友枝　ワキの人商人が出てきて、買い取った少年が今朝出かけたまま帰らないので、自然居士の説法の場へ探しに行くと言ってワキ座につくと、シテが登場。床几《しょうぎ》に掛かって説法を始めると、子方《こかた》が橋掛りに現れ、お狂言にひかれて舞台に出てきます。その子方をワキ二人が荒々しく引っ立てていきます。

馬場　自然居士は説法を途中で放り出して、男の子を助けるわけですが、説法破りというのは結構大変なことなんです。なぜかといえば、七日間続いた最後の説法を投げ出すと七日間が無になるし、結願の日に集まるお布施も頂けなくなる。そうまでしてもこの子を助けなければならないという義侠心ですね。自分の身を売って親の供養をすることを善と見る、そういう者を金で買って連れて行くのを悪と見る、そういう簡単な構図があって、弱者に対する義侠心を、中世の居士たちは一般的に持っていたのではないでしょうか。そして人商人の舟が出る大津の松本まで駆けて行き、舟を引き留めるわけですが、ここの舞台転換はうまいですね。

友枝　自然居士が追っかけていく態《てい》で橋掛りのほうまで行くと、舞台ではワキとワキツレとが竿を

〈自然居士〉シテ（友枝昭世）は身代衣を携え、人商人を追う。

持っており、居士は舞台へ走りこみます。舞台に舟の作物《つくりもの》はないのですが、竿を持っているのは舟に乗っていることだと予備知識として知っておいていただければ、もうすぐ出船するところを引き留める場面がイメージできるかなと思います。

馬場　このへんのワキとシテの問答もなかなか面白い。ワキから「此の舟をば何舟と知し召され《〔御覧じ〕》て候ぞ」「其の人買舟《ひとかいぶね》の事ざうよ」「ああ音高し何と何と」「音高しとは道理道理《〔なり〕》、其の舟漕ぐ櫂《かい》の事ざうよ」「艪《ろ》には唐《から》艪《ろ》といふこそあれ《〔物あり〕》、ひとかいといふ櫂はなきに」「……今漕ぎ初《そ》むる舟なれば、一櫂舟《ひとかいぶね》とは僻事《ひがごと》か」なんて、人買い舟を掛け言葉にした、今でいうなんとかギャグみたいですよね。

友枝　まったくダジャレで、人買いという櫂はないというのが落ちなんですね。軽妙な問答ですけど、「何と何と」といきりたったワキを、「道理道理」といなしていうような風格がシテには必要です。

馬場　人商人も、人買いという商売を後ろめたいものだと思っているんですね。そして子どもを返せと言うと、ワキが、人を買い取って再びもとの手へ返さないのが大法だと言い、シテは、身を捨てた人を助けられなかったら、寺へは帰れないのが大法だと言う。考えてみると、人商人は子どもに代価を払っていて、子どもは納得しているから、商売は成立しているんです。成立した商売に対して、そうはいかないというところに、善悪が出てくるわけですね。

友枝　生きてる会話のような掛け合いですが、当人同士は相当緊迫しているところがあって、最後にはワキが「まことさように承らば拷訴《ごうそ》を致さう」「拷訴とは」「命を取らう」「もとより捨身《しゃしん》の行《ぎょう》ちつとも恐るまじ、命を召され候へ」。自然居士に殺せるものなら殺してみろという啖呵をきられて、これはまずいということで、ワキも戦法を変える。ここまでワキを追い込むところが問答の面白いところではないですかね。

馬場　だんだんセンテンスが短くなっていくところが、なかなかいい。そして最後に船頭が思いつくのが、居士に舞を舞わせて恥をかかせること。玄人の能楽師がそのへんの大道で仕舞をやってみろと言われているのと同じような状況ですよね。まず烏帽子《えぼし》が出てくるところが象徴的ですね。

友枝　それも田舎土産の烏帽子なんです。都の自然居士に田舎烏帽子を被せてしまうところにも嬲《なぶ》り感がある。実際に被るのは普通の烏帽子ですけど。

馬場　「一段と烏帽子が似合ひ申して候」というのは、冷やかしですね。シテが「面々は余りにつれなうわたり候」と言うのは、自分の身分を落とさせていることに対するつれなさですね。以下、舞づくしです。

友枝　最初に中《ちゅう》ノ舞を舞うんですが、喜んで舞っているわけではないので、要所要所につまらなさそうに省略するところがあります。初段の前にくるくる回るのをやめるとか、拍子を抜くとか、ほんのちょっとのちがいですから、普通の中ノ舞がどういうスタイルか知らないと、この中ノ舞が省いたものであるとわからないんですよ。

馬場　それは面白いですね。その次にしっかりした文言のクセを舞って、簓《ささら》を摺《す》って、鞨鼓《かっこ》を舞って、最後まで舞い通しです。

友枝　クセが終わるとササラやってね、ササラが終わると鞨鼓やってね、みたいにワキの合いの手が入って、少しずつスピード感が上がっていくんです。さっきまでは言葉の応酬を楽しんでいたのが、ここでは舞づくしを楽しむ。舞台構成としては飽きないというかエンターテインメント的な曲だと思いますし、古い曲なのに今でも人気があるのは、お能ってすごいなと思わせたきっかけの曲だからだと思います。

馬場　前半は子どもを取り戻すまでの人買いとの問答、後半は華やかこのうえない舞づくしと、まさに面白づくの芸能ですよね。そして、中世にもこういう義俠心があったんだということがわかるストーリー。中世の四番目物らしい、大事な一番だと思います。

友枝　〈自然居士〉の面白さは、偉いお坊さんが弄《もてあそ》ばれるところにあるので、謡の中で居士のスケールの大きさを出していくことが大事です。中世にはこうした遊狂なお坊さんがいたらしいですね。

馬場　遊狂ものという言葉もあって、あの時代には、世を「憂き世」とみて歎き、暗い気分で暮らすしかない生き方と、「浮き世」とみて遊狂三昧に逃れる生き方と、二つの選択肢がありました。弱法師は憂き世で、自然居士の後半は憂き世ながら一瞬浮き世の遊芸の人となる。また、好きなことに純粋に入り込むことは純一《じゅんいつ》になることだから、笛三昧、歌三昧といった三昧境《ざんまいきょう》に入れば、南無阿弥陀仏と唱えなくても、笛往生、歌往生ができるという説話もたくさんあります。だから〈自然居士〉は喝食物であり、遊狂物でもあるといえると思います。

唐物という華

枕慈童《まくらじどう》〔菊慈童《きくじどう》〕
天鼓《てんこ》
邯鄲《かんたん》

永遠に生きる少年の悲しみ――〈枕慈童〉

友枝　今回は〈枕慈童〉〈天鼓〉〈邯鄲〉という、いわゆる中国物を取り上げます。〈枕慈童〉は観世流では〈菊慈童〉といいますが、この三番をざっくりとまとめると、格好がほぼ一緒です。具体的には半切《はんぎり》、法被《はっぴ》で黒頭《くろがしら》ですが、中国らしさを出すために、中華料理屋の雷文のように角ばっていて、強くて派手な柄のものが選ばれることが多く、唐団扇《とううちわ》を持ちます。〈天鼓〉と〈枕慈童〉のシテは年が若いので《童子《どうじ》》という面《おもて》を使い、装束は赤の色味が多くなりますかね。〈邯鄲〉は《邯鄲男》という面を普通は使います。

馬場　日本人が好きな中国の説話をベースにした曲ですね。〈枕慈童〉は菊の長寿伝説、〈邯鄲〉は「邯鄲一睡《いっすい》の夢」とか「黄粱一炊《こうりょういっすい》の夢」といわれる日本中に知られた話です。〈枕慈童〉は、七百年前の周の穆《ぼく》王に仕えた慈童の話で、王様からもらった枕のおかげで不老不死になって酈縣山《てっけんざん》で生き続けているわけですが、そこには永久に死ねない悲しみがある。

友枝　舞台にはまず魏の文帝の勅使（ワキ）が出てきて、酈縣山の麓から薬の水が出ているから見て参れと命じられて来たところだが、こんな山奥に庵が見えると言います。作物《つくりもの》の引廻しの中でシテが謡う謡の中にも「**それ邯鄲の枕の夢、楽しむ事一炊《いっすい》の中《うち》に在《あ》り**」という詞《ことば》が出てきますね。

馬場　あれは、その続きに「**慈童が枕は古《いにしえ》の思ひ寝なれば目も合はず**」とありますから、自分の夢もない夜と対比しているんですね。次の初同《しょどう》に「**夢も無し、いつ楽《たのしみ》を松が根の、嵐の床に仮寝して、枕の夢は夜もすがら身を知る袖は乾《ほ》されず、げにや頼みにしかひこそ無けれ独寝《ひとりね》の枕詞《まくらことば》ぞ恨なる**」とあって、楽しい夢もなく少年のまま永遠に死ねない男の悲しみが身に染みるように美しい。

友枝　引廻しが下りて出てきた童子（シテ）に、勅使が名を名宣《なの》りなさいと言うと、周の穆王に召し使われた慈童だと言って、皇帝からもらった枕に添えられた四句《しく》の偈《げ》を見せ、「此の妙文《みょうもん》を菊の葉に、置く滴《したたり》や露の身の、不老不死の薬となつて七百《しちひゃく》歳を送りぬる、有難の御事や」と言います。そのあと序、サシ、クセと続きますが、「然《しか》るに穆王は」から始まるクセは穆王がこの妙文を授かった故事を語るところで、そのあとに「楽《がく》」という舞が入ります。ただ、観世流はこの序、サシ、クセがなくて、そのまま楽になるようですね。

馬場　後半の見どころはほとんど舞ですね。楽というのは中国物の舞のことですね。序・サシ・クセがないのは簡便に舞を楽しむのにはいいと思いますが、これはあったほうが断然いい。周の穆王伝が入ってくるあたり、重厚ですもの。

《童子》前髪が下がっていることで元服していない（髪をゆいあげていない）ことを表す。

友枝　楽は、雅楽《ががく》のなかでも大陸系の舞楽《ぶがく》から来ていて、お囃子の笛の調子が少し違ったり、拍子をたくさん踏んだりします。中国物は「楽」が入ることが多いです。

馬場　〈枕慈童〉は一畳台に菊を立て並べて枕を置いた作物もいいですね。あの明るさは酈縣山の向こうの天国だと思う。でもそれは寂しさを含んだ明るさです。

友枝　楽のあと、一畳台の上にあがって枕を捧げたり、菊を手折ったり、安座したりという型もあります。そして最後は菊の花を掻き分けて慈童が仙家《せんか》に帰っていく。

馬場　〈枕慈童〉は大好きな曲なんですけれど、これ一番しかない公演でも見に行くかというと、やはりもう一番欲しいところです。

友枝　そうですね。良くできた小品という感じですね。

星月夜の下で一瞬を舞う少年――〈天鼓〉

友枝　〈天鼓〉は、天鼓という死んだ少年のお父さんが前シテで、天鼓が後シテになります。前と後で別の人という、珍しい曲ですね。

馬場　〈藤戸〉の前シテがお母さんで、後シテがその息子というのと同じですね。

友枝　そうですね。こちらも後漢の帝に仕える勅使が名宣リ笛で出てきて、天鼓の話を語ります。天から降ってきた鼓（天鼓）を帝が召したが、持ち主の少年は勅命にそむいて鼓を抱いて山中に隠れてしまったので、帝は探し出し、漏水《ろすい》に沈め殺して鼓を召し上げた。ところが、宮中で打っても鳴らない。お父さんが打てば鳴るだろうということになって、勅使が父の王伯を呼びに行くと、「縦《たと》ひ罪には沈むとも、又は罪にも沈まずとも憂きながら我が子の形見に帝《みかど》を拝み参らせん」と言って王宮へ行きます。そのあと序、サシ、クセ、さらにロンギがあって、父が鼓を「打てば不思議や其の声の、心耳《しんに》を澄ます声出づる《〔でて〕》、げにも親子の證《しるし》の声」が出たので、恩賞をもらって自宅へ帰る、というのが前半のストーリーです。

馬場　〈天鼓〉の前半は、子どもが死んだ悲しみを父が切々と謡うところがいいですね。

友枝　後半では、帝が漏水のほとりで天鼓の法事をしていると、「あら有難の御弔《とむらい》やな」と言って天鼓が現れ、鼓を打ち鳴らしながら楽《がく》を舞って、消えていく。

〈天鼓〉後シテ。赤地の法被に縫箔を合わせることで天鼓の少年性、純粋さを引き出す。作物は鞨鼓台。

馬場　〈天鼓〉の後半は、少年の霊がきれいな星月夜の海辺で舞っている美しい場面です。枕慈童は死ねない少年ですが、天鼓は一旦死んでしまった少年の霊が管絃の法事に応えて姿を現し舞う。消えてしまう前の一瞬を舞うわけですから、枕慈童よりもいそいそと元気に舞うのがいいと思う。

友枝　そうですね。同じ楽でも、〈枕慈童〉は死ねない少年の楽、〈天鼓〉は死んだ少年が生き返って舞う楽、次の〈邯鄲〉は夢が幻になる舞、そういう差を出したいんですが、その差がいちばんわかりやすいのが装束なので、ほぼ同じ格好でも少しずつ差別化をはかるように工夫をしています。例えば〈枕慈童〉は派手め、〈天鼓〉は薄幸な感じとか、同じ形でも柄や色でずいぶん変わります。見る人は、謡を聞く前の、舞台へ出て来たときのインパクトでイメージが形成されますからね。

馬場　その通りですね。〈天鼓〉は前半の地謡がしっとりしていると、子どもを喪った老父の悲しみがしみじみとして、後半の明るい舞が引き立つんです。前半がしっとりしていないとだめですね。楽のあとの地謡の「**人間の水は南、星は北に拱《たんだ》く**」というあたりは天空が思い描かれてめっぽう美しい。

友枝　〈天鼓〉の楽のあと、「**面白や時もげに、秋風楽《しゅうふうらく》なれや**」から同音になって、夜が更け、五更《ご こう》を告げる鐘が鳴り、八声《や こえ》の鶏が鳴き、ほのぼのと夜が明け白んで「**現《うつつ》か夢幻《ゆめまぼろし》とこそなりにけれ**」で終わりますが、その途中にある詞ですね。「星は北に拱く」というのは、星では北極星が偉いので、すべての星が北に向かってお辞儀をしているという意味ですが、宇宙の話をしたあと強吟《ごうぎん》が和吟に変わるところで、僕のイメージのなかでプラネタリウムの天球がぐるっとするような時間が過ぎる感じがします。

馬場　なるほど、わかりますね。謡の調子が変わり、ふっと柔らかく、人間味が生まれ、懐かしい情緒が主導しますから。

ところで〈天鼓〉も一畳台を出して、鞨鼓《かっこ》台を置きますね。あれはいろいろな形のものがあるようですね。

友枝　作物は基本的に手作りですから、流儀によっても演者によっても色々ですね。鞨鼓といっても全体は雅楽器の大太鼓をかたどっていて、その中に鞨鼓が置いてあるという感じです。

馬場　鼓は小さいから、打つのは難しいのですか？

友枝　いや、鼓が目の高さにあるので、それほどでもないですね。

馬場　〈黒塚〉の枠桛輪《わくかせわ》なんかに比べると、大変ではない。

友枝　面を掛けて見るときの目の高さにないものが難しいので、全然ちがいますね。

「何事も一睡の夢」――〈邯鄲〉

馬場　〈邯鄲〉は一転して人事、人間の生き方ですね。

友枝　〈邯鄲〉は盧生《ろせい》という青年が邯鄲という町の宿で、粟飯が炊けるまで寝ている間に、帝になって栄華を極める夢を見たという単純明快なストーリーです。

馬場　盧生は出世を望みながらうまくいかなくて憂愁に沈んでいる青年、といったところですね。

友枝　「狂言口開《くちあけ》」といって、最初に間狂言《あい》の宿の女主人が出てきます。次にシテの盧生が出てきて、楚の国の羊飛山《ようひさん》にいる徳の高い坊さんを訪ねて邯鄲の里に着いた、まだ日は高いけれどここで旅宿しようと言う。ここからしばらく、お狂言との掛け合いになり、邯鄲の枕という悟りが開ける枕があるので一睡していきなさい、私はその間に粟の御飯を炊いておくからと言われる。そして「一村雨《ひとむらさめ》の雨宿り、日はまだ残る中宿《なかやど》の〔に〕、仮寝の夢を見るやと、邯鄲の枕に臥しにけり」と脇座にある大屋台に寝ころび、唐団扇を顔に被せます。そこに勅使（ワキ）と輿《こし》を担ぐ男が二人出てきて、勅使が扇で枕もとをはっと打つ。

馬場　目が覚めたら、目の前に人が額づいているわけですね。

友枝　勅使は、楚の帝があなたに位を譲ると言われたので迎えに来たと言う。盧生は「天にも上《あが》る心ちして、玉の御輿《みこし》に法《のり》の道、栄華の花も一時《ひととき》の夢とは白雲《しらくも》の上人《うえびと》となるぞ不思議なる」と台から下ります。そのあとに「真ノ来序《しんらいじょ》」というお囃子があるのですが、これは出てくる人が帝王であることを表しています。

馬場　このとき宿屋の大屋台が一瞬にして王宮になるんですね。

友枝　盧生は屋台に上がって座り、その前に烏帽子・長絹《ちょうけん》姿の子方や大臣たちが出てきて並びます。そして、酌をしたり、子方が舞を舞ったりして栄華の遊舞を楽しみます。

馬場　ここで、王様になった盧生がいい気になって、屋台の上で楽《がく》を舞うのですが、一歩踏み外してしまう。シテ方がどんなふうに落ちるか、その一瞬を楽しみに見ているんです。

友枝　拍子を踏み外すところは「空下リ《そらお》」といいますが、そのあと少し休んで、舞台で楽を続けます。一瞬夢から覚めるような、誰でも経験する感覚をうまく表現していると思います。

馬場　人生にはつねに蹉跌があるわけで、いい気になっているとどこかで失敗する。まさにあれが人生だと思う。

友枝　〈邯鄲〉は狭い能舞台のなかで場面の変換がすごく上手なんですよ。一畳台の使い方もそうですが、「かくて時過ぎ頃去れば、五十年の栄華も尽きて、真《まこと》は夢の中《うち》なれば……皆消え消えと失せ果ててありつる」というところで、シテが橋掛りに行っている間に、脇正面に並んでいた子方や家来たちが、いっせいに切戸口からすっと消える。

馬場　全員がさあーっと消えて、舞台が閑かになるところはいいですよね。そのあと「飛び込み」という型がありますね。

友枝　シテが常座《じょうざ》から来て、屋台の中へ飛び込んで、元通りの寝姿になるわけですが、あまり勢いがつくと屋台の向こう側に落ちてしまうこともあるんですよ（笑）。

馬場　昔の人はもっと遠くから飛んでいたように思いますが。

友枝　今も走り込みますが、高く飛んで、上で寝る格好になってからそのまま落ちるのが理想です。でも、なかなかそうはいかないですね。落ちても痛くはないのですが、唐団扇は結構華奢にできているので、それが傷まないように気を付けています。

馬場　やっぱり事前に家で練習するんでしょ。

友枝　装束や面をつけてやるのは本番しかないですから、僕はほとんどしなかった。それに、練習して失敗したら怖気づいて、舞台でひるんでしまいそうですからね（笑）。飛び込んだところへお狂言が出てきて、枕元をちょんちょんと叩いて御飯が炊けましたと言う。「盧生は夢覚めて五十《いそじ》の春秋《はるあき》の、栄華も忽ちに唯茫然と、起き上がり」ってわけですね。

馬場　キリの「何事も一睡の夢」のあとシテが「南無三宝《さんぼう》、南無三宝」と言って家に帰る。日本人が大好きな場面ですね。このとき時雨が降っている想定で、傘をさして帰る小書がありますね。中国人は時雨程度では傘をささないから日本人的な演出ですが、傘にかくれるように登場するのも辭っぽくってしんとしてますし、人生の無常を悟って傘の蔭に入って帰るのもいいですよ。

友枝　「傘ノ出」という小書ですね。盧生が宿につく前に「未だ日は高く候へども」という詞がありますが、傘ノ出のときはそうは言わないで、ちょっと言葉を替えます。

馬場　〈邯鄲〉は人生の教訓ですね。

友枝　禅問答っぽいところがあって、日本人は好きですね。

馬場　だけど、盧生は家に帰ったあとどうするのでしょうね。〈隅田川〉のお母さんにしても、その後を聞かれると困ってしまうという結末がお能には多いですね。想像の幅を残しているような。

紅葉狩《もみじがり》
山姥《やまんば》

妖艶な鬼女と平家武者――〈紅葉狩〉

友枝　今回は「鬼」に係わる曲を取り上げます。お能における「鬼」にはいくつかの概念があると思いますが、いまは鬼というと《般若《はんにゃ》》の面《おもて》のイメージが強いようですが、〈紅葉狩〉も〈山姥〉も般若の鬼というよりも人智を超えた力を持つ恐ろしい者というイメージですね。

馬場　鬼はいろいろありますが、〈紅葉狩〉の鬼は戸隠の鬼女として有名です。戸隠の鬼たちが紅葉見物の宴をしているところに平維茂《これもち》が通りかかって鬼女と格闘するという話ですが、〈紅葉狩〉は非常に華やかな舞台で大好きです。初めに一畳台と作物《つくりもの》の紅葉の山が舞台に出されたあと、シテの里女とツレの女が出てきて謡いますが、友達と連れ立って紅葉見物に行くのに「げにや存《なが》らへて浮世に住むとも今ははや、誰白雲《しらくも》の八重葎《むぐら》、茂れる宿の寂しきに、人こそ知らね〔見え〕秋の来て」と寂しい謡なんですね。舞台上は華やかに何人もの女姿が立ち並び、紅葉の頃の美しい光景を愛でながら歩みをすすめ、しばらく休もうというわけです。そして休んでいるとワキの維茂がお供を引き連れて出てくる。偶然出会ったのか、それとも維茂が来るのを知っていて出かけたのか、わかりませんが、鬼女というか美女と侍は、見る人たちが喜ぶ取り合わせだったのではないでしょうか。初心者もよく習う謡ですが、名文ですよね。

友枝　そうですね。最初のシテとツレとの連吟のところは作者の小次郎信光《のぶみつ》が腕によりをかけて作った気がしますね。

馬場　「暫く休み給へや」というところまで信光らしい美しさと妖しさとで盛り上げたところに、勇ましい武者たちが橋掛りにずらりと並ぶという演出も信光らしいですね。

友枝　後場《のちば》は短いので前半をいかに華やかにふくらませるかが〈紅葉狩〉の醍醐味で、シテもワキも一人の曲にはない華やかさがあります。

馬場　舞台に並ぶ女装束の美麗さと、橋掛りに並ぶ男装束の美しさが絵になって、それだけで大満足するところがあります。

友枝　〈紅葉狩〉は五番目で留めの曲ですから、御供のワキツレに、この曲の前に三番目物をやったワキがツレに加わったりすることがあって、謡の上手なワキ方が加わるとさらに盛り上がります。維茂がお供に、山陰にいる人影を見てくるように命じて、太刀持《たちもち》が狂言女に主人の名を尋ねると「たださる御方」とだけ答える。それを維茂に伝えると、維茂は馬から下りて弓矢を置いて舞台に入り、橋掛りの御供たちは切戸から消えてしまいます。

〈紅葉狩〉美女と化した鬼（前シテ）が平維茂（ワキ）に酌をする。

馬場　シテ方は、最初は鬼の気持ちなんですか、それとも女の気持ちなんですか。

友枝　喜多流のもともとの考え方としては、シテは鬼ですね。女が鬼に化けているのではなく、鬼が女に化けている。

馬場　喜多流の謡本の注にも鬼は盗賊だっただろうと書いてあります。盗賊も時に残酷さから鬼の部類に数えていましたからそれでいいと思うんですが、私は女でもいいかもしれないと思う。前シテは三番目（鬘物）くらいの位取りで出てきて、堂々と妖艶にやってもらったほうがいい。
友枝　初めの連吟もそうですし、あとの序・サシ・クセから序ノ舞に入っていくところも典型的な本三番目物のパターンです。だから、いかに妖艶で上品で色っぽい前シテにするかが、後シテの鬼を引き立てる胆《きも》でもあると思います。
シテとワキとが出会って、ワキが道を避けて通り過ぎようとすると、シテが「一河《いちが》の流を汲む酒をいかでか見捨て給ふべき」と言って袂《たも》にすがって引き留める。このあとシテとワキが菊の酒を酌み交わすシーンになり、維茂はすっかり酔わされ心を惑わされます。
馬場「林間に酒を煖《あたた》めて紅葉《こうよう》を焼《た》くとかや」「巌《いわお》の上の苔莚《こけむしろ》、片敷く袖も紅葉衣の紅《くれない》深き顔ばせの」というサシ謡もいいですね。クセの前の「胸打騒ぐばかりなり」までは妖艶でなければいけないですよね。
友枝　クセの「さなきだに人心《ひとごころ》乱るる節《ふし》は竹の葉の」でワキのところへ行ってお酌をしたあと、作物の前に戻って仕舞どころになります。
馬場　序ノ舞から急ノ舞に転換するところがよくて、観世流と宝生流はだいたい中《ちゅう》ノ舞から急ノ舞ですけれど、喜多流は序ノ舞から入り、維茂が眠りに落ちたのを確かめて急ノ舞になるわけですね。そしてその後の「堪へず紅葉青苔の地」からは調子が強くなって気分が高まっていき、夢から覚めるなよと言って紅葉の山に入ります。この中入では作物の中で装束を変えるわけですが、見ている人はあの中で何をやっているのだろうと興味津々なんですよ。

友枝　例えば〈野守〉のように前シテが翁で、後シテが鬼神という場合は、作物の塚の中で装束を全部取り換えます。それに比べると〈紅葉狩〉は、後シテの面が般若の場合は壺折の唐織を脱いで、頭と面を変えるだけなので、そこまで大変じゃない。また間狂言も結構長いですから。喜多流では、後シテに《顰《しかみ》》を使うのが本来ですけど、前シテがこれだけ色っぽい演出だと、バランスとしては《般若》がふさわしい。だから僕は《顰》でやるのを最近では見たことがないですね。〈黒塚〉も同じ話になると思いますけど。

馬場　《般若》でやるのと《顰》でやるのとでは全然違うと思うんですけれど、昔は《顰》のほうを多く見ていたような気がします。

友枝　多分そうだと思います。もし《顰》でやるとすると、後シテには女の色は全く残らないので装束は全取っ換えですね。そのために間狂言も長くできているのだと思います。間狂言は石清水《いわしみず》八幡宮の末社の神様が出てきて、いろいろ語って、寝ている維茂の前に聖なる太刀を置いて行く。

馬場　後場はわりに簡単で、ワキが目を覚まし、その太刀を持って、山の中から現れた鬼女と闘う。維茂にやられて「剣《つるぎ》に恐れて巌《いわお》へ登るを、引き下《おろ》し刺し通し忽《たちま》ち鬼神を従へ給ふ」という最後のところは切戸に消えるんですよね。

友枝　二通りあります。切戸に入るのと、山へ入るのと。本来は作物に入ります。

馬場　殺されて死骸になったから切戸に入るのだろうと思ったのですが、作物に入るということは完全に死んでなくて山に帰るわけですね。復活するんだ。〈紅葉狩〉はどちらかというと前半に主力がある曲ですね。ところで、この中入は「来序《らいじょ》」というお囃子が入りますね。

友枝　来序というのは、登場楽ではなく、退場楽というか、帰るときのお囃子です。イメージとしては、すっと消えていなくなるのではなく、シテが遠ざかって姿がだんだん小さくなって見えなくなるという感じ。〈紅葉狩〉では前シテが山の奥の方へ徐々に隠れていってしまう感じです。

馬場　なるほど、面白いですね。これからは注意をして見てみます。

人智を超えた生命体――〈山姥〉

馬場　〈山姥〉も鬼女のグループに入る曲ですが、この曲は、山姥とは何かということがテーマになっているようなお能ですね。その答えが能の中にあるので、私は好きなお能ですが、詞章は難しいですね。舞台は、最初に遊女（シテツレ）と、その従者のワキとワキツレ二人、総勢四人が出てきます。この遊女が百魔《ひゃくま》（百万）山姥といわれる京の曲舞《くせまい》のスターで、ワキとワキツレは今でいうマネージャーですね。スターが善光寺に行きたいというので、連れて来たわけです。

友枝　善光寺に行くと言ってますけど、全国コンサートツアーのようなもので、行く先々で公演をしていたかもしれません（笑）。僕もツレをやったことがありますけど、〈山姥〉は一時間半ぐらいかかる曲で、ツレが座っている時間も長い。また〈山姥〉のツレは最後までシテとからむので、〈松風〉とはいわないまでもツレの役割が非常に大きい。そういう意味でもプレッシャーのかかる役なので、山姥が出た時はツレを誰がやるかというのが若手には大きな問題になります。

馬場　一行が越後と越中の境の境川まできて、上路《あげろ》の山を越えて善光寺へ行こうと歩き出すとたちまち日が暮れる。これは超常現象ですよね。そこに宿を貸そうという人が現れ「なうなう《ノーノー》〔旅人〕お宿参らせなう」と幕の中から呼び掛けます。

友枝　呼掛をしたあと、「これは上路《あげろ》の山とて人里遠き処なり、お宿参らせ候はん」と橋掛りの歩み出しで謡い、ワキが、日が暮れてしまって困っていたところなので喜んで参りますと言ったあと、シテは黙って橋掛りを歩いて舞台へ出ていきます。この間はシテだけが動いている時間で、ワキ一行へ圧力をかけていくように近づくシテが注目されるところです。舞台の中央に座ると、ワキに向って「山姥の歌の一節《ひとふし》謡ひて聞かさせ給へ……其の為にこそ日を暝《く》らし」、日を暮れさせたのは自分だと言います。

馬場　すごい力を持っているわけですね。こういう超常現象が実際にあったのかどうかわかりませんが、お能にはよくありますね。説話文学の中では、まず日が暮れて太陽の力を弱めると、太陽とは逆の力を持っている人が出てきます。山姥が日を暮れさせお宿を参らせた理由は、百魔山姥の謡を聞くためなんですね。

友枝　最後の「いかさまにも謡はせ給へ《〔給ひ候へ〕》」というのは、とにかく謡ってちょうだい！と迫っている感じですね。ここの問答はシテと、マネージャーのワキがやっていて、アイドルのシテツレはまだ下々とは言葉を交わしてないというところが重要です。

馬場　ワキが、ここにおられるのは誰だと思っているんです、と言うと、シテは、百魔山姥でしょ、それなら「真《まこと》の山姥をば何《〔如何なる者〕》と知ろし召されて候ぞ」と言う。本物の山姥は威厳がありますね。

友枝　ワキが、曲舞には山姥は山に住む鬼女だと書いていると答えたところから、シテが語り始めるのですが「道を極《きわ》め名を立てて、世情万徳《ばんとく》の妙花を開く事、此の一曲の故ならずや」からは大事な謡です。百魔山姥がスターになれたのも、その曲舞のおかげなのに、本当の山姥についてちっともわかってないと。その謡の最後の「山姥が霊鬼《れいき》これまで来りたり」という自分の本性を現わす謡で初めてシテの意識がツレに向く。僕は〈山姥〉を舞った後に気がついたんですけど、シテはリアルな山姥ではなくて山姥の霊鬼なんですね。神様のように自然のあちこちに居て、そうした気のようなものがすーっと集まって目に見える形になって出てきたみたいなイメージ。

馬場　霊鬼の鬼は気象の気でもあって、自然の中にある気が集まって形になるという東洋的な霊気ですね。

友枝　宿神《しゅくじん》のようなものへの意識が〈山姥〉には強いですね。そういう百鬼夜行みたいな鬼や神への中世的な感覚をふまえると、後シテの見方が変わるんですよ。霊鬼がだんだん人間に近くなくなっていくというか。

馬場　シテは、私は国々の山廻りのために今日もここへ来ていると言っていますが、なぜ霊鬼が山廻りをするのでしょうか。民俗学者の折口信夫《おりくちしのぶ》によると、山を廻って様々な山の姿や現象を見て、その変調を里人に伝える役割の人がいたようです。

　そして百魔山姥が謡ったら自分も真の姿を現そうといってかき消すように失せて中入になります。この中入後の間《あい》狂言をよく聞いてほしいと思う。ここに当時の庶民が信じていた一般的な山姥の姿があって、荒唐無稽だけれども、人間が使い古した道具が百年経つと生命を持って山姥になるというような、東洋的で庶民的な生命観がわかって興味深いです。

友枝　お狂言によっていろいろなやり方がありますが、面白いですね。後シテは、《山姥》という専用面を使います。半切《はんぎれ》をはいて唐織や厚板を壺折にして白頭《しろがしら》で出てくることが多いです。本来は姥鬘《うばかつら》といって白髪交じりの鬘を使うのですが、鬘は結い上げるのに結構時間がかかる。ところが山姥の間狂言と待謡はそれほど長くないので、鬘より早くつけられる白頭にするという理由もあります。

馬場　鹿脊杖《かせづえ》を持っていますね。あれは緑の木の葉がついているんでしたっけ。

友枝　はい。打杖《うちづえ》を大きくしたのが鹿脊杖で、打杖には途中に出っ張りがありますよね。それを葉で表しているのが山姥の鹿脊杖だと思います。

馬場　後シテの初めの「あら物凄《ものすご》の深谷《しんこく》やな」のあと、寒林《がんりん》（墓場）で自分の骨を打つ霊鬼も、深《じん》野《や》（墓場）に花を供える天人も「善悪不二《ふに》」同じだ、と言っている。あとから出てくる「邪正一如《じゃしょういちにょ》」と対になっている言葉ですが、こういう禅的な思想が冒頭から出てくるところに、当時のインテリたちが喜ぶ能の方向が打ち出されているのでないか。〈山姥〉の前半は土俗っぽい感じがしますが、後半は禅万能の時代の思想が強く出ています。

友枝　そのあとシテは舞台に入ってきて謡いながら立ち廻りますが、山姥の怖さを出したいというところは少しもない。山姥は人間を超えた智恵の塊であり、生命の塊でもあるという感じですね。

馬場　でも、シテとツレとが問答を重ねていくうちに、「眼《まなこ》の光は星の如《〔し〕》く」「面《おもて》の色はさ丹塗《にぬり》の軒の瓦の鬼の形」と、怖さが強調されていく。同音の「よし足曳《あしびき》の山姥が山廻《めぐ》りするぞ苦しき」で山姥の本質を表し、杖を扇に替えて床几《しょうぎ》に掛けて序になるわけですね。序は漢文調ですが、クセに行く前は緊張感を呼ぶために、よく漢文調が用いられます。漢文調の言葉の美しさを戦後の日本人は忘れてしまっていますが、それを残しているのが謡曲だと思うんです。謡曲を謡うことによって、中国とはちがう、日本人が作り上げた漢文の美しさがわかります。

友枝　漢文は音の切れがいいので、意味を聞き取るのとは別の、聞いていること自体に気持ちよさがありますね。とはいえ、一度詞章を文字で音読しておくと、実際に耳にした時の印象が全く違うと思います。

馬場　このあとの「一洞《いっとう》空しき谷の声、梢《こずえ》に響く山びこの」は、響きがいいですね。実際の景色を謡っているのではないのに、ある種の大きな宇宙が感じられるのは、音のせいではないかと思います。そしてクセになると「遠近《おちこち》のたつぎ〔たづき〕も知らぬ山中《やまなか》に、おぼつかなくも呼子鳥の」と強吟《こうぎん》ですが和文になります。

〈山姥〉鱗紋様の摺箔に同系紋様の厚板を壺折にして、後シテのスケール感を出す。

友枝　ここは床几に掛かっていますが、「金輪際《こんりんざい》に及べり」というところで床几のまま下を見込む型があります。金輪際というのは、宇宙は風輪の上に水輪があって、その上に金輪という大地が載っていて、その上が海で須弥山《しゅみせん》が浮かんでいるという仏教の宇宙観でいうところの、金輪の最も下で水輪との際、つまり大地の底という意味です。

馬場　「金輪際に及べり」まで行くと、ああ〈山姥〉を見ているなあという気がしますね。私はこのクセがとても好きなんですが、シテはどういう気持ちで舞うんでしょう。
友枝　「休む重荷に肩を貸し」の型以外は、あてぶりの型がほとんどない。仕舞では一般的な特に意味のない抽象的な型の連続で謡の詞《ことば》を表現しないといけないので、タイミングがずれるとお話にならない。世阿弥だったかが「謡を聞かせて型は後から付いてくる」と言っていますが、例えば「柳は緑花は紅」という謡を聞いた観客がその景色を見られるようなタイミングで型をすることが大事。ですから少し遅れたタイミングになりますが、早すぎても遅れすぎてもわけがわからない。やはり舞い込んでいないとうまくいかないですね。
馬場　二段グセでさんざん禅や仏教の難しい話を聞かせておいて、最後に世俗的な断面をみせ「人間に遊ぶ」と言っています。人間の暮らしのなかに入っていろいろ扶《たす》けていると謡い、「世語《よがたり》にせさせ給へと思ふは猶《なお》も妄執か」とくる。ここのところ好きですね。これが人間だと思う。全部語り明かしながら、わかってもらえたかどうか相手を信用しきれない。だから妄執を晴らすために山廻りをするわけです。やりきれないクセの終わり方ですね。そしてカケリ。このカケリはどういうものですか。
友枝　カケリになるともう一度鹿脊杖を持ちます。後シテの鹿脊杖は人智を超えた山廻りの象徴といってもいいと思います。扇は逆に言語とか理性の象徴。持ちものを替えることで、シテの心理状態の変化がわかります。そして、「あら御名残《おなごり》惜しや」とツレに近づいて合掌し、「暇《いとま》申して帰る山の」で扇に持ち替えます。ただし、終わりまで鹿脊杖のままということもあります。

馬場　キリの「春は梢に咲くかと待ちし花を尋ねて山廻り、秋はさやけき影を尋ねて月見る方《かた》にと山廻り、冬は冴え行く時雨《しぐれ》の雲の雪を誘ひて山廻」は華やかですね。四季それぞれの山を廻っていく様子を謡っているわけですが、季節の風情とともにある行為が美しい。「廻《めぐ》り廻りて輪廻《りんね》を離れぬ妄執の雲の、塵積つて山姥となれる」と続く。「廻り廻りて」のところは素人の仕舞では二回くらいしかまわれないけれども、もっとキリキリとまわる人もいますよね。

友枝　僕は三回くらいですかね、数えてないからわからないけど。廻り廻って空気が凝縮されて濃くなっていく。水の渦に巻き込まれた花びらが最後に中心にすーっと落ちて消えていくようなイメージでしょうか。

馬場　いい表現ですね。凝縮されたあと「鬼女が有様見るや見るやと峯に翔《かけ》り」でぱーんと解放されて行くわけですね。

友枝　ここからは全力疾走で、「峯に翔り」では蔵王権現のようにジャンプしているような気分ですかね。

馬場　山姥は山廻りをしてどこかへ行ってしまいますが、またトップスターが出てきたら山姥も出てくるのでしょうね。

鬼は滅びたか・二

大江山《おおえやま》

殺生石《せっしょうせき》

憎めない鬼「酒呑童子」――〈大江山〉

馬場　〈大江山〉は、源頼光《よりみつ》が藤原保昌《やすまさ》と四天王を従えて大江山に行き、鬼を退治する話ですが、大江山はじつは私にとって母方の故郷なので鬼も贔屓にしているんです（笑）。大江山の酒呑童子《しゅてんどうじ》には伝説がいろいろあり、ロシアから新潟県に漂流してきた、赤い髪と碧《あお》い目をして赤い酒――葡萄酒を呑んでいた稚児で、悪さをして追放されて各地を点々としたという伝説もあります。能では比叡山から追い出されて大江山を拠点にしたと言っています。とにかく平安朝きってのスケールの大きい鬼だったと思う。源頼光は多田源氏の二代目で、藤原道長の側近、藤原保昌は国守で武勇にもすぐれていたのですが、この人は和泉式部の夫、その弟が盗賊の棟梁袴垂保輔《はかまだれやすすけ》です。これが平安時代の現実です。いずれもとても魅力的なメンバーだとは思います。謡本にはワキツレは従者数人と書いてありますが、何人くらいですか。

友枝　だいたいワキのほかに三人か四人ですね。

馬場　頼光一行は山伏に姿をやつして夜の都を出て、たちまち丹後半島の大江山に着く。そこに間《あい》狂言の女が出てきますね。

友枝　お供の剛力《ごうりき》（狂言）が鬼の城へ偵察に行くと、女（狂言）が洗濯をしていて、話を聞くと幼い頃にさらわれて酒呑童子の召使になっていた。剛力に頼まれて、酒呑童子のところへ手引きをしてくれるというストーリーです。

馬場　狂言の女が「いかに童子のおわしますか」と言うと、《童子》の面《おもて》を掛けた前シテが「何事にてあるぞ〔童子と呼ぶハ如何なる者ぞ〕」と幕から出てくるわけですね。狂言が、山伏たちが泊めてほしいと言っていると言うと、出家の人には手出しをしないと桓武天皇と堅く契約をしたと言う。話が大きいんですね。そのあと自分の身の上を明かすところが面白い。比叡山に住んでいたが、大《だい》師坊《しぼう》とかいう似非者が自分の山に根本中堂を建てたので、口惜しさに一夜に三十余丈の楠となって奇瑞を見せた。嘘ばっかりでも、気宇が大きくて鬼の格調を高くしています。ところが大師坊に味方をする仏たちに出て行けと言われ、比叡山を降りてあちこち行ったと――。

友枝　比叡山を出て、筑紫の英彦山《ひこさん》、伯耆《ほうき》の大山《だいせん》、白山《はくさん》、立山、富士山と修験道の山をあげています。知識があると聞きやすいですよね。

馬場　そしてワキの「さも童形《どうぎょう》の御身なれば」、シテの「憐み給へ神だにも」そして地謡の「一児《ちご》二山王と立て給ふは」というところも面白いですね。一児二山王というのは、山法師は山王（日枝《ひえ》神社）よりも稚児を大切にしたと、比叡山の坊さんを揶揄した言葉です。〈紅葉狩〉は男と女、こちらは男同士ですが、お互いが相手を見込んで心を許して好きになってしまう。〈紅葉狩〉とはちがう妖艶さがあって、とても好きなところです。

それで酒を提供することになってしまう。大江山伝説では、頼光が持って来た酒に毒が入っていたことになっているんですが、毒は考えない方がいいですね。その酒の肴が、秋の山草、桔梗《ききょう》刈《かる》萱《かや》、吾亦紅《われもこう》、紫苑《しおん》とかで、清潔な酒宴、清婉《せいえん》感があります。酒呑童子は全面的に頼光を信頼している。だから、あとで頼光が鬼退治をするのはけしからんと思うんです（笑）。上機嫌ですっかり酔ってしまった童子は、荒海の障子押したてて夜の臥所《ふしど》に入る。荒海の障子といえば内裏の清涼殿の襖ですから、気宇の大きさはほとんど天皇でしょう。ここまでが輝くような童子の姿ですよね。

友枝　この中入の間に先程の狂言二人が出てきて、都へ帰って夫婦になろうと約束をして逃げて行きます。そのあと、武者姿に変わったワキとワキツレが橋掛りに並び、後シテは《顰《しかみ》》を掛けた鬼の姿で大屋台の上に横たわって眠り込んでいます。頼光《らいこう》と保昌《ほうしょう》と独武者《ひとりむしゃ》は心を一つにして鬼に斬りかかると、後シテが「情けなしとよ客僧達、偽《いつわり》あらじと云ひつるに…」、嘘つき！って一行を責めます。後シテの台詞はここ一つだけですが、ここに鬼の思いが集約されていると思います。

馬場　あっけなく殺されてしまうので、〈大江山〉を見たあとは、なぜ頼光一行に愛情を注いでいた美しい童子が殺されてしまったのかという哀惜感が残ります。〈大江山〉の鬼の位は〈紅葉狩〉の鬼より高いですよね。お能の中の鬼には位の違いがあって、〈大江山〉の鬼は比叡山の大師坊（最澄）とも問答しているから、智力や呪力もあり、位が高い。前段はおおらかな気品もある。

友枝　そもそも名前がある鬼は、お能には他にいないかもしれない。鬼について面から考えてみると、一つは《般若》系の女の鬼。怒りや嫉妬で鬼のようになった女性です。もう一つは《顰》といって、人智を超えた邪悪な精霊を表現した鬼。〈大江山〉も《顰》です。大地の神様のようないわゆる鬼神は《小癋見《こべしみ》》という面を使います。仏教と対立する集団としての天狗は《大癋見《おおべしみ》》。天の神様には《大飛出《おおとびで》》、動物系の鬼は《小飛出》、次の〈殺生石〉は狐の妖怪だから《小飛出》です。

馬場　私は《悪尉《あくじょう》》が大好きなんです。これは鬼と神とのあいだくらいで、力は強いし情念は深いし。

友枝　その曲にどの面を使うかについては、キャラクターだけでなく、白頭・赤頭との相性やら流儀やらによってさまざまです。逆に言うと、お能の鬼は古くからあるキャラクターの一つなので、キャラクター付けをするためにいろいろな面が出てきたのかもしれません。《山姥》は専用面でした。

馬場　ところで、このごろあまり〈大江山〉が舞台にかからないように思いますが。

友枝　そうなんです。その内情をいうと、ワキツレが大勢で、なおかつ大江山のワキは重いワキとワキツレなので、ワキ方への御礼が結構かかります。そのわりにシテ方としては仕どころが少ないというのが理由の一つかと。

馬場　なるほどね。私としては酒呑童子に会えなくて残念です（笑）。

石になった鳥羽院の寵姫――〈殺生石〉

馬場　殺生石というのは、鳥羽院から寵愛を受けた女性が石になったもので、いまも栃木県の那須に殺生石という史跡があって、岩がころがって硫黄の臭いがしています。喜多流はたいてい「女《によ》体《たい》」という小書《こがき》で〈殺生石〉を演じられますね。

友枝　この小書は喜多実先生が昭和四十六年（一九七一）に喜多流十五世宗家になったときに金剛流から頂いた小書です。ですから、女体で上演されるようになったのは、僕が生まれた少し後ですね。

馬場　そうなんですか。舞台に一畳台と大きな石の作物《つくりもの》が出されていますが、あの石を最初に見た時は驚きましたね。これからすごいドラマが始まるに違いないという予感がします。そこへ、陸奥から都に向かう玄翁道人が能力《のうりき》（狂言）を連れてやってくると、シテが「なうなう《なう》御僧其の石のほとりへな立寄らせ給ひそ」と幕の中から呼び掛けます。この呼掛はどういうものでしょうか。

友枝　ワキが殺生石に近づこうとするのを、だめだめと止めるので間をおかずに言う感じです。前シテは玉藻の前という殿上人《てんじょうびと》なので、気高くないといけない。

馬場　前シテの唐織は、どのような柄が相応しいですか。

友枝　《増《ぞう》》という面《おもて》につりあった、はっきりした強い柄がいいですね。

馬場　シテは、その石は人間も鳥類畜類も触ると命をとられる石だと言い、ワキがどうして殺生をする石になったのかと問うと、早速にシテの身の上話が始まる。「昔鳥羽の院の上童《うえわらわ》に玉藻の前と申しし女の、執心《しゅうしん》の石となりたるなり」。上童というのは十歳くらいで宮中に上がる男の子のことですが、この頃は女性でも上童になったのかもしれませんね。いまの妖怪事典のようなもので玉藻の前を引くと、インド、中国、日本、それぞれの国の政治をかく乱するために、美女に生まれ変わって国王の心をとろかした心がけの悪い妖怪と書かれています。

初同《しょどう》は風情がありますね。「物凄《ものすさま》じき秋風の、梟《ふくろう》松桂《しょうけい》の枝に鳴き連れ狐蘭菊の花に蔵《かく》れ栖《す》む」。凄まじい秋の風景をいう時には必ず出てくる詞《ことば》ですが、いいところだと思います。

友枝　シテが登場してからは、ここだけが和吟なので、よけいに荒涼とした感じが出るんですね。「女体」のときに、必ずやるとも限らないのですが、「狐蘭菊」のところでシテがぴっと足を撥ねあげる型をすることがあります。〈小鍛治〉の狐の足遣いのように。難しいけれど、決まるとかっこいい。

馬場　え、気がつきませんでした。そのあと玉藻の前のお話が出てくるわけですが、序・サシ・クセはみんなが聞いてくれる謡だと思う。サシでは、自分は容顔美麗で、一字も間違えないほど賢くて、鳥羽院の寵愛を受けたと言い、それから怖いクセになります。

友枝　この序・サシ・クセは漢語をいっぱい使っていますが、意味がわかりやすい。紙芝居を聞いている感じというのでしょうか。

馬場　ここのシテはたしか床几《しょうぎ》に掛かってますね。

友枝　小書がない普通のときは下に座っていますが、「女体」のときは床几に掛かります。例えば、〈井筒〉のシテは座ってますが、〈野宮《ののみや》〉の御息所《みやすどころ》は床几に掛かっていますでしょ。床几に掛かるのは、その人がワンランク上という意味合いもあるんです。〈殺生石〉の場合は、普通は狐の妖怪ですが、女体はもっとスケールが大きい女の化け物のようで、位が違う感じがします。

馬場　そんな玉藻の前がなぜ都を追われたのかというと、帝が管絃の遊びをしていた夜に突然風が吹いて御殿の灯火が消えてしまった。その時、玉藻の前の体から光が放たれ、御殿を月のように輝かせた。それ以来帝は病気になり、陰陽師の安倍泰成《あべのやすなり》に占わせると、玉藻の前の所為なので、調《ちょう》伏《ぶく》すべしと言った。「頃は秋の末、月まだ遅き宵の空の雲の気色《けしき》凄じく、打時雨《うちしぐれ》吹く風に御殿の燈《ともし》消えにけり」ここのところは何か動きがあるようですが、雰囲気が怖いですよね。

友枝　謡も普通と「女体」とで少し謡い方がちがいます。また普通のときはずっと居グセですが、女体のときはもう少し動きがあるときもあるので、シテの個性が出て面白くなります。

〈殺生石（女体）〉後シテ（友枝昭世）は舞衣に緋長袴、狐の建物を付ける。通常の後シテとは装束も型も大きく異なる。

馬場　小書がないときは、ずっと石の前に座ったままですか。

友枝　座ったままです（笑）。そのあとワキが、そんなに委《くわ》しく語るあなたはどういう人かと問うと、シテが「今は何をか包むべき、其の古《いにしえ》は玉藻の前、今は那須野の殺生石、其の石魂《せきこん》にて候なり」と告白します。そして「立帰り夜になりて」で立って、「石に隠れ失せにけり」で石の中へ入ります。

馬場　後半は、ワキが払子《ほっす》を持って石に向かって石霊を払う儀式をしているところへ、石の中から「石に精有り、水に音有り」という声がしてきて、大きな岩がばんと二つに割れる。ここのところはいいですね。

友枝　ああいう演出は岩しかできないですからね。割るのは、石が割れたあとすぐに切戸に消えなくてはいけないし、結構技術がいるんですよ。石の中から出てきたのは「野干《やかん》」の姿の後シテ。野干というのは仏典にも出てくる妖怪の一種で、日本では狐の妖怪とされることが多いようです。後シテは《小飛出《ことびで》》の面ですが、「女体」のときには頭に狐の建物《たてもの》を付けます。

馬場　「今は何をか包むべき、天竺にては班足太子《はんぞくたいし》の塚の神、大唐にては幽王の后褒姒《ほうじ》と現じ、我が朝にては鳥羽院の玉藻の前となりたるなり」「我王法を傾けんと、仮に優女の形となり、玉體《ぎょくたい》に近づき奉れば……」。「王法を傾けん」というのはよく出てきますね。この曲が作られたのは室町末期、南北朝だと思いますが、当時は王法を傾けるということが平然と語られていたのではないでしょうか。そのあとは仕舞どころですが、きびきびとした実にあざやかな舞ですね。

友枝　個人的にはそのあとの「壇に五色の幣帛《へいはく》を立て」というところで扇をとって空を指す型が好きですね。この型がうまく決まるとかっこいい。動かないときのちょっとした型が決まると、後の動く型が引き立つんですよね。

馬場　キリはとても難しそうですが。

友枝　安倍泰成に調伏されて、那須野に来て、妖怪退治の勅命を受けた狩人に犬のように追われる話の中で「狩人《かりびと》の追っつ捲《まく》っつさくりにつけて矢の下に射っ伏せられて」というところは、弓を構えて追い詰める型、矢が当たり、扇を胸に立てて反り返り安座する型と続きます。このところは〈殺生石〉にしかない型ですね。

馬場　結局、「此後《このゝち》悪事を致す事あるべからず」とワキに頭を下げて、「御僧に約束堅き石となつて鬼神の姿は失《う》せにけり」となるわけですが、鬼というより妖怪ですよね。喜多流の〈殺生石〉は、いまは「女体」が人気ですね。

友枝　小書のない〈殺生石〉は若い人でもチャレンジできる曲と言えます。だからある程度の年齢になると、小書をつけてやることが多いですね。「女体」のときは後シテが緋の長袴《ながばかま》をはきますから、動きが全然変わって来ます。長袴は太くて中で足が遊ぶので、歩くだけでも難しいんですよ。喜多流では、この小書ができてから、先輩方がさまざまな演出の工夫をしているので、面白いお能になっています。ぜひご覧になってください。

水と大地を寿ぐ祖神

翁《おきな》

三輪《みわ》

過去遠々《おんおん》の神様――〈翁〉

友枝　今回は能の五番立ての中でも別格とされる〈翁〉についてお話をします。お能の公演形態は、〈翁〉を演じてから神様をシテとする脇能（初番目物）をするのが正式です。これを「翁付き」といって、原則は〈翁〉のあと同じシテが〈高砂〉などの脇能を続けて演じ、さらに脇狂言を付けることもあります。この場合、〈翁〉、脇能、脇狂言が休みなく続き、やるほうも見るほうもしんどいので、今はほとんどないですけれど。脇能から公演が始まる時は特に、本来はその前に〈翁〉があるんだなという感覚が僕たちにはあります。

馬場　同じ人が二番続けるのは大変なことですから、「翁付き」でも今はたいていシテが変わりますね。

友枝　実は〈翁〉とひと口に言っても、いろいろなバージョンがあるんです。江戸時代は元日から三日間、江戸城で能の五番立をやるのが公式行事といわれていますが、喜多流は江戸時代になってから認められた流儀で、いわば最も格下だったので、元日に〈翁〉の太夫を務めることがなかった。そのため、基本的に一通りの〈翁〉しかなく、儀式的要素が強いです。逆に、他のお流儀は一日目と二日目を変えるため、あるいは神社でやるときのための祭事的要素が強いものなど、バリエーションが沢山あって、見比べると面白いかもしれないですね。

馬場　昔は全国の農村に何十という〈翁〉があり、神社の祭り、収穫祭、お正月など、年に一度ならず奉納されていました。

友枝　〈翁〉は、シテ方が務める「翁」と狂言方の「千歳《せんざい》」と「三番叟《さんばそう》」が組になっていて、「三番叟」の揉《もみ》ノ段と鈴ノ段は、地面を踏み固める型と、種籾を播く型といわれていますからね。昔から〈翁〉を演じる時は、精進潔斎をするというのと、別火《べっか》を使う、つまり女の人がおこした火を使わないという習わしがあるんです。

馬場　友枝さんは二〇一九年の十一月に国立能楽堂で〈翁〉を抜かれましたが、精進潔斎されました？

友枝　僕は伯父から、吐く息が汚れているのは絶対にだめということを言われ、一週間ほどお酒と生臭物をやめました。すると、気のせいかもしれませんが、感覚が研ぎ澄まされる感じにはなりましたね。本来の精進潔斎は別火なども行って、もっと厳格なものと聞いています。

馬場　〈翁〉は舞台に出る前に楽屋で「翁飾り」という神事をしますね。

友枝　はい。これも流儀によって違うと思いますが、喜多流の場合は、鏡の間に八足台を据えて、真ん中に、太夫（シテ）が掛ける《白式尉《はくしきじょう》》と三番叟の《黒式尉《こくしきじょう》》と鈴を入れた面箱《めんばこ》、左右にお酒、前に洗米《せんまい》と塩を置きます。そして太夫がまず面箱に向かって二礼二拍手一礼で祈りを捧げて、出演者全員に盃をまわして、太夫、面箱を持つ千歳、三番叟、シテ方の後見、狂言方の後見、お囃子方、地謡の順で舞台へ出て行きます。

馬場　舞台へ出たら、太夫が最初に深々とお辞儀をしますね。このときの呼吸は？

友枝　呼吸はとくに考えていないですけど、おでこが地面につくくらい深くといわれています。このとき立膝で額《ぬか》づくので、息を吐かないとお腹がつかえてしまいます。

馬場　まさに翁に対して「額・つく」わけですね。山形県の鶴岡で五百年以上続いている黒川能では、囃子方まで全員がそろって頭を下げて「南無春日大明神」と三回唱える。整然とした実に美しいお辞儀です。自分たちにお辞儀をしていると誤解した観客が拍手をして、睨まれたことがあります（笑）。だから、まだ能が確立していないころから農村には翁という不思議なものが存在していたわけですね。では、翁っていったい何なんでしょう。

友枝　僕たちは北辰《ほくしん》（北極星）に向かってお辞儀をすると聞いていますけど、結局〈翁〉はストーリーもないし、謡の意味もあまりないので、どちらかというと〝感じる〟ものなんですね。それも上から降ってくる感じではなく、下から湧いてくる感じです。

馬場　世阿弥は『風姿花伝』の「神儀」で「翁」について書いていますが、その時代にすでに翁とは何かわからなくなっている。ところが金春禅竹《こんぱるぜんちく》は『明宿集《めいしゅくしゅう》』でしっかりと位置付けています。翁は三つの要素、仏でいえば大日と弥陀と釈迦、神様では住吉と諏訪と塩釜――伊勢ではなく住吉がトップなところが面白いんですが――農事でいえば、日、月、星。それらをすべて兼ね備えて、宇宙を統《す》べているのが翁だと言っています。祖先の神であって、いたるところに居て、われわれ農民を守ってくれる、そして最後に自覚できるのは大地であると。だからさっき感覚だとおっしゃったのは正しいと思う。

友枝　金春禅竹は宿神《しゅくじん》を大事にしていますね。

馬場　黒川でいちばん尊い神面といわれているのが「所仏即《ところぶっそく》」、所において即ち仏という名前で、ここにも神仏習合の思想が色濃く現れています。以前、面箱のなかに何が入っているのか土地の方に尋ねたら「すぐじんだ」と言うので、字を聞いたら守護神、宿神でした。宿神は、身分は低くて土俗っぽい神様ですが、絶大な力があって、民を守る力も大きい。では農民の神かというとそれだけではなく、〝過去遠々《おんおん》〟の神である。「過去遠々の昔なるをば翁といふ。父母未生以前、本来の面目なれば翁と云ふ。生死を見ざれば翁と云ふ。際限なければ翁と云ふ。常に立てれば翁と云ふ。慈悲の心を翁といふ」という禅竹の文章は格調があって、韻律が素晴らしいです。

友枝　謡について言えば、〈翁〉は全部の謡が〝拍子ニ合ハズ〟でリズムに乗っていない。たぶん昔のお能は、謡は謡、鼓は鼓というふうに囃していたんだと思います。それがだんだん整って拍子に合うようになっていった。〈翁〉はいまだにすべてが「見計らい」といって、太夫がこうやるとお囃子はこう、みたいなそのときのノリで決まっていきます。

馬場　謡は「どうどうたらりたらりら」の繰り返し、これは一種の水請いですよね。

友枝　前半はずっと水が流れていますが、太夫が舞台の上で《白式尉》を掛け、立ち始めてから場が変わります。

馬場　千歳ノ舞のあとの「総角《あげまき》やとんどや、尋《ひろ》ばかりやとんどや」は少年愛です。催馬楽《さいばら》の四十九番に「総角や　とうとう　尋ばかりや　とうとう　さかりて寝たれどもまろびあひにけり　とうとう　か寄りあひけり　とうとう」とあって、離れて寝ていたけれどついに寄り添ってしまった、という歌です。これを引いているんですね。

友枝　総角は振り分け髪を丸く結った子どもの髪型ですから、総角の少年か女の人か、どっちかはわからないですけどね。

馬場　「坐して居たれども、参らうれんげりや」というから、翁は楽しくなって、立ってそばに行くのですね。だから千年の鶴に対して亀も万歳の齢まで世の中が続いていくわけで、おおらかな性をちらっと入れているところが面白い。大きな宇宙のなかで、われわれに豊かな生命を与えてくれるような総合的なエネルギーが翁だと思いますね。翁ノ舞のなかに「天地人の拍子」がありますが、どういう意味があるんですか？

友枝　目付柱と脇座前と大小前の三か所で拍子を踏みますが、意味はといわれるとちょっとわかりません。四本柱に囲まれた能舞台のなかでも意味が深い場所をしっかりと触るというか、居付くことで舞台の中に宇宙のようなものを築くという感じで

〈翁〉蜀江錦の狩衣に紫の指貫は翁の装束の決まりと言っていい。

しょうか。

馬場　大事なところをまず太夫が踏み固めて、邪気を閉じ込める意味でしょうね。黒川では翁より前にまず稚児が大地踏みをして、稚児寿詞《よごと》を唱えます。この長い台詞を、子どもたちが親元を離れて十五日間別火の日々を過ごすなかで覚えるんです。いまはどうかわかりませんが、私が黒川へ行き始めたころはそうでした。

友枝　だれがいつごろ〈翁〉を整理整頓したのかわからないけれども、中国の高貴な蜀江錦《しょっこうにしき》の狩衣《かりぎぬ》に指貫《さしぬき》という翁の格好は、神様に正対することができる当時もっともフォーマルなものだったと思います。

馬場　昭和五十八年（一九八三）の国立能楽堂開幕公演で十五世喜多実先生がされたときは、「白翁」でしたね。

友枝　正式には「翁の白式《はくしき》」といって、太夫の装束だけがすべて白になります。幕も、五色の上に白い幕を掛け、翁が帰って内に入ったあとに白い幕を落として五色に変えます。これは喜多流にしかない小書と聞いています。

女姿の大物主――〈三輪〉

馬場　〈翁〉については話し出すときりがないので、〈三輪〉に移りましょうか。私は〈三輪〉は不思議なお能だと思います。三輪明神という神様が主人公なのに、前シテが女なので四番目物、あるいは三番目物に分類されていますね。

友枝　三輪の神婚譚《しんこんたん》と、最後に出てくる伊勢の神様と三輪の神様が一体分身《ふんじん》という話がテーマです。舞台の流れを言いますと、まず玄賓僧都《げんぴんそうづ》（ワキ）と里の女（前シテ）が出てきて、女が上人の衣を欲しいと言うので衣を与え、どこに住んでいるか尋ねると、我が庵は三輪山のふもとで、杉の立った門がしるべですと言って杉の作物《つくりもの》の中へ消える。そこで玄賓が行ってみると杉の門に衣が掛かっていて、中から三輪の神が現れ、自分の結婚話を上人に語り、心を慰めようといって天《あま》の磐戸《いわと》の神楽《かぐら》を舞う。

馬場　玄賓僧都は仏教説話のなかでは有名な人で、徳が高いが一切の地位名誉を捨て、乞食になって各地を寄宿して歩いた人です。彼が三輪に隠棲しているところに女が来て、玄賓の衣をくださいと言う。高徳の人が着た衣を着ると自分にも徳が身につくとか、仏への帰依が認められるとか、そういう思いもあったかもしれないですが、ここにも神仏習合がみられます。

友枝　奈良の三輪に玄賓庵というのが今でもあります。かつては修験者が集った所のようです。

馬場　後シテは「**女姿と三輪の神**」と言って女の格好で出てきますが、裏を返せば、三輪の神は男、古代に出雲で威力を持った大物主《おおものぬし》です。それが、中世には女になって、玄賓の衣を請うくらいにまで弱くなったんじゃないかと私は思う。中世は仏教の時代で、庶民や特に女に対しての厳しい制約があった。ここでは、本質的には神の衰えだと思います。

友枝　大神《おおみわ》神社の祭神は大物主ですけど、奈良のお能の〈三輪〉〈葛城《かつらぎ》〉〈龍田《たつた》〉の三明神はどれも女神ではないのに、女の姿で出てきます。芸能としては女の扮装のほうがきれいだからという理由もあるかもしれないですけど。

馬場　神婚譚というのは、神様がその土地の女と結婚して、土地の権力を得るというのが基本です。三輪明神の場合も、『古事記』や伝説などで少しずつ話が違いますが、威力の強い神様が三輪の女と結婚することによって三輪地域の中心となり、よく治まったと伝えられる。伊勢神を背景とする大和の世界のなかに出雲がどんと座ったわけです。〈三輪〉の神婚譚では、夜にしか来ない男の狩衣の裳裾に糸をつけて追って行ったら、三輪の山本の神垣のところで止まった、すなわち三輪の神だった。ここまでは謡もいいし舞もいいですね。

友枝　クセで神婚譚が語られるけれど、ずっと大和言葉で漢語がない。だから耳ざわりがいいんです。

馬場　そのあと、上人に天の磐戸の神楽を見せる。なぜこんなことをするのでしょう。そして最後に「伊勢と三輪の神、一体分身《ふんじん》」という落ちまでつく。

友枝　話としては、磐戸の舞で終わってもいいですね。数ある舞のなかでも、「神楽」と「楽《がく》」はちょっと特殊で、大和舞系の象徴としての「神楽」と、大陸系の象徴としての「楽」とに区別ができて、神楽は普通、御幣《ごへい》を持って舞います。〈龍田〉や〈葛城〉の神楽のときも御幣、ところが〈三輪〉だけはなぜか扇を持って舞う。そのあとの「伊勢と三輪は一体分身」のところは、おっしゃるように昔は何のためにあるんだろうと思っていました。いま考えると、ここが言いたいために延々とやっているかもしれない。当時の大和中楽《さるがく》の役者のプライドだったのかとか、解釈のしようがいろいろあるから、各流に小書がいろいろあります。喜多流は「神遊《かみあそび》」と「岩戸ノ舞」の二つで、「神遊」は舞のなかに翁ノ舞の型が入っています。

〈三輪〉前シテはワキから衣をもらって作物の中へ中入する。

馬場　そう、「神遊」は破《は》ノ舞が入っ

て、その途中で翁の型をする。これは、三輪も伊勢も翁、だから一体なのだという本質を表すものだと思うんです。この小書を考えた人はえらい。

友枝　後シテの扮装は、通常は緋《ひ》の大口に長絹《ちょうけん》ですが、「神遊」は白い狩衣《かりぎぬ》になります。「神遊」はもともと一子相伝の重い小書です。翁の型が入っているから、翁をやった人じゃないとできないし、そう簡単にやれるものではない。それは技術的に難しいというのではなく、小書の意味がわかる年にならないとだめという側面もあるのだ思います。

馬場　内容的には「神遊」の小書でやってほしいですね。伊勢と三輪が一体であれば、伊勢は出雲と一体ということになる。とても都合がいいことですよね。そして、その二つの結合点というか、共通点に「翁」がいるということ。能においての「翁」は万能なんです。

友枝　お能としての〈三輪〉の魅力は、知識的にはいまのように複雑ですけれども、すごくきれいな詞《ことば》が、展開の不整合性を凌駕してしまうところにあるんですね。

能楽用語と装束の着方の基本

友枝真也

能楽用語

能楽についての専門用語は数多ありますが、その定義付けがはっきりとしたものもあれば、そうでないものもまた多くあります。それは能楽が、日本古来または大陸伝来の様々な芸能を取り入れ、その起源がはっきりしないものが多いこと、観阿弥・世阿弥が大成し、武家式楽として発展して行く中で文書を介さず主に人から人へと伝えられたことに原因があると思われます。したがって能楽の用語は職人の符丁のような色合いを残すものも多く、具体的にはそれがどういうものかを表現することはできても、その概念を言語化することが難しいことも多々あります。例えば能楽師にとっては序ノ舞を舞ったり囃したりするのは容易でも、序ノ舞とは何かを端的に言い表すのは、なかなか骨が折れることです。

能の曲目は現在二百曲ほどあるとされていますが、それぞれが全く独立したオリジナルなわけではなく、ある部分の謡の構成・謡い方であったり、人物の登場の仕方であったり、装束の種類や着方など、様々の共通する要素を持っています。別の言い方をすればそれが約束事となって、一曲の理解の手立てになったり、他の曲と比較する基準になったりします。そしてその共通要素を表す言葉が専門用語となっていることが多いのです。したがって以下に解説する用語はシテ方喜多流である私、友枝真也としての理解であることをご承知おきください。

謡に関する用語

同音《どうおん》　喜多流の謡本では地謡《じうたい》が謡う部分を「同音」と表記しています。「同音」というのは、かつてはシテもこの部分を謡っていた名残です。

初同《しょどう》　一曲のなかで最初に地謡が謡う部分を「初同」と通称しています。

強吟《ごうぎん》、和吟《わぎん》　節がある謡は強吟（剛吟《ごうぎん》）と和吟（弱吟《よわぎん》）に二別されます。強吟は文字通り強くアクセントを強調した謡い方、和吟は柔らかく旋律のある謡い方です。したがって修羅物やキリの能には強吟が多く、鬘物《かづらもの》や狂女物には和吟が多くみられます。漢語と大和言葉のような違いと言えましょうか。呼び名は流儀によって違い、喜多流では「強吟」「和吟」、観世流では「強吟《つよぎん》」「弱吟《よわぎん》」が一般的です。

道行《みちゆき》　ワキや狂女物のシテなどが旅行や外出する道程を表現した謡。多くの場合、目的地に着いたことを明らかにして終わります。

語（リ）　舞台上の登場人物が節を伴わない言葉のみで物語を展開すること。

呼掛《よびかけ》　シテが登場する際、すでに舞台に登場している役の者に幕の中から声を掛けながら登場するやり方。

待謡《まちうたい》　中入の間狂言《あい》の語りの後、ワキが謡う謡。後シテの登場を待つ謡なのでこの名があります。

序・サシ　曲（クセ）への導入部分となる謡。リズムに合わない拍子ニ合ワズで謡われます。「序」「サシ」「曲」と続くのが典型的なパターンですが、「序」のない「曲」、また「序」「サシ」の両方ともない「曲」の場合もあります。

曲（クセ）　能一曲の骨格となる雰囲気を作る地

謡の謡どころ。七五調を基本とした叙事的な韻文で構成されています。『伊勢物語』や『平家物語』の一部を謡ったり、あるいは桜の花の美しさを謡い上げたり、景色を語ったり、その表現するものは多岐にわたります。その多くは「上羽《あげは》」というシテの謡で前後に分かれ、前半はやや静かに、「上羽」を境に後半はテンポよく盛り上がって行く構成になっています。稀に「上羽」が二回ある長い曲もあり、これを「二《に》段曲《だんぐせ》」と言います。また現在物などストーリー性の高い曲には「曲」のないものもあります。

- **舞曲《まいぐせ》（舞グセ）**　シテが「曲」の謡に合わせて舞うものをいいます。
- **居曲《いぐせ》（居グセ）**　シテがじっと座ったままの「曲」の呼称です。シテがじっとしているのは謡の聞きどころであることの裏返しでもあります。

ロンギ　謡の小段の名称の一つ。仏教儀式の「論義」の形式を取り入れたものとされ、役と役同士（多くの場合、シテと地謡）が一問一答の形で掛け合って謡います。

ノット　「祝詞」とも書きます。シテ、ワキなどの役の者が神仏の力を頼むときの謡。またその際には囃子方は「ノット」という特別な手を打ちます。

クドキ　能の中でシテ方の役が嘆きや悲しみ、怒りや悩みなどのネガティブな感情を吐露する謡。多くの場合は感情を爆発させた高い調子の謡の後、低く抑えた調子で文字通りクドクドと気持ちを連ねていきます。

ノリ　この二文字の言葉が能楽の本質ともいえるもので、はっきりとした定義づけはできません。現代的にはグルーブ感という言葉と同じような概念があります。リズムをテンポとして割り切ってしまうのではなく、大きなうねりのようなイメージで変化させて謡や舞が成立しています。

このノリという概念は、舞台上の全ての謡、舞、囃子において意識されているものです。

囃子に関する用語

大小物《だいしょうもの》　お囃子に太鼓の入らない「大」鼓と「小」鼓と笛だけで上演される曲目。太鼓が入るものは「太鼓物」と称されます。

登場楽《とうじょうがく》・出囃子《でばやし》　能舞台は緞帳《どんちょう》がないので役者は必ず橋掛りの奥の幕から登場しますが、その役者が舞台に登場する時に演奏される囃子事。もし登場楽なしに役者が登場する場合は、元々その舞台となっている場にいる（「出置《だし》キ」）という設定です。登場楽には次のような種類があり、これから登場するキャラクターを予感させるものです。同じ登場楽でも役柄・曲趣によってテンポや掛け声などが変わります。また約束事として、登場楽に太鼓が入っている場合は、現実の人間以外（鬼や神など）のキャラクターが登場することを表しています。

■登場楽の種類（代表的なもの）

・**次第《しだい》**　大小物の登場楽の一つ。実在の人間（本体は人間ではない場合でも）が歩いて近づいてくるような雰囲気です。また次第で登場した役者が最初に謡う、七五調を二度繰り返す謡を、同じく「次第」と呼びます。稀に地謡がこの謡のみを謡うこともあり、「地次第」といいます。

・**一声《いっせい》**　大小物の登場楽の一つ。現実の人間から幽霊まで様々なキャラクターが一声で登場します。現実の人間ならば走っているような、幽霊ならば忽然とそこにあらわれたかのような状態を表現しています。また牛車や船などの乗り物に乗った登場人物も一声で登場します。また一声で登場した直後に謡われる短い謡を「一セイ」と呼ぶこともあります。

- **出端**《では》　太鼓物の登場楽の一つ。恨みを持った幽霊から神仏まで様々な役柄にテンポを変えて演奏されます。
- **早笛**《はやふえ》　太鼓物の登場楽。非常にスピード感があり、龍神や雷神、鬼神など人外の力強いキャラクターが水煙、土煙を揚げて近づいてくる様子を表しています。稀に大小物の早笛がありますが、これは甲冑姿の武者が馳せ参じている姿を表現しています。
- **名宣**《なの》**（リ）笛**　一曲の冒頭、ワキが登場して名宣る時に演奏される笛。真・行・草の三種類があります。

舞に関する用語

舞　言葉（地謡）を伴わず、囃子のみでシテが舞う舞。舞は必ず他の打楽器とリズムを共有する笛の旋律の繰り返しを基礎に組み立てられています。基本的には全ての舞の動きは同じです（ロングバージョン・ショートバージョンはあります）が、旋律・リズム感・テンポ（位）はそれを舞うシテのキャラクターに合わせたものになっています。どの舞もいくつかの「段」という段落で構成されていて、基本的には後半にいくほどテンポがノッて速くなります。

■舞の種類（代表的なもの）

- **神舞《かみまい》**　〈高砂〉や〈養老〉など老体ではない神が舞う舞で、テンポが早く爽快感のある舞です。
- **中《ちゅう》ノ舞**　舞の中でもテンポが中程の舞。
- **男舞《おとこまい》**　原則として、生きている（幽霊でない）男性のシテが舞う舞。テンポは中ノ舞より早く、動きにもキレがあります。
- **序《じょ》ノ舞**　非常にゆったりとしたテンポの舞で、大小物の序ノ舞と太鼓物の序ノ舞があります。大小物は女性（幽霊を含めて）が、太鼓物は草木の精や男性が舞います（〈芭蕉〉や〈木賊《とくさ》〉などの例外はあります）。
- **早舞《はやまい》**　盤渉《ばんしき》という調子の高い旋律を基調にした、テンポもノリも良い舞。
- **楽《がく》**　雅楽の大陸系の音楽から取り入れられたとされる舞。多くは中国物で舞われます。
- **神楽《かぐら》**　雅楽の大和舞から取り入れられたとされる舞。

カケリ　「翔（リ）」とも書きます。大小物の所作事（喜多流では太鼓が入ってもカケリと称することがあります）。修羅物でシテの地獄（修羅道）での心理状態、また狂女物での興奮状態を表すことがほとんどです。

ハタラキ　舞と同じく地謡を伴わず、囃子のみで表現される所作事。舞との大きな違いは、笛が他の打楽器とリズムを共有しておらず、効果音的に旋律を奏でていて、長さも舞に比べると短めです。

イノリ　怒り狂う鬼女に僧や山伏が法力を持って対峙し、祈り伏せる所作事。〈道成寺〉〈葵上〉〈黒塚〉などに見られます。

イロエ　「彩」あるいは「彩色」とも書きます。主に女性のシテが舞台を一回りするだけの簡素な動きで、以降に始まる曲（クセ）などの導入部分に使われることもありますが、例外も多く、定義づけの難しい所作事です。

乱拍子《らんびょうし》　〈道成寺〉でシテが小鼓と一対一に対峙して行う特殊な足遣いを伴う所作事。小鼓の裂《れっ》帛《ぱく》の掛け声・打ち込みと静寂が交互に重なり、独特な重厚感です。かつては〈道成寺〉以外の曲にも乱拍子はあったとされます。

その他の用語

仕舞《しまい》　能の一曲の中のシテの舞どころを抜き出して、装束ではなく紋付袴（あるいは裃《かみしも》）をつけて、四人前後の地謡のみで舞うこと。能の一曲の見どころをデッサンのように取り出したもので、舞う人の個性が最もわかりやすい上演形態といえます。長刀《なぎなた》や杖を使うこともありますが、基本的には仕舞扇と呼ばれる鎮《しず》め扇（能の場合は中啓という先の開いた扇を使う）を使い、刀や笹や網といった小道具は使われません。仕舞として成立している部分を「仕舞どころ」と呼ぶこともあります。また、同じく紋付袴でシテの舞どころを、地謡だけでなく囃子方も加えて上演する形態を「舞囃子」といいます。

シカケ　ヒラキ　サシ　シオリ　いずれも型の名前。仕舞の動きのほとんどが決まった型の組み合わせで構成されています。仕舞の型は具体的な感情や動作を表すものはほとんどありませんが、「シオリ」のみ例外的に、泣いている様子を表しています。

物著《ものぎ》　舞台上で演者が衣装を変えること。多くの場合は後見座に下がって（くつろいで）後見が手伝います。

小書《こがき》　能・狂言の通常とは異なる特別な演出のこと。番組の曲目の左下に小さく書き出されていたのでこの名があります。小書によって扮装や舞の種類が変わったり、謡に緩急がついたりして通常の上演形式とは異なります。流儀や曲目によってその種類は多岐にわたり、複数の小書を持つ曲もありますし、また小書のない曲もあります。喜多流では〈白田村〉（田村）、〈白是界《しろぜがい》〉（是界）、〈猩々乱《しょうじょうみだれ》〉（猩々）などの曲目そのものが変わる特別演出もあります。

装束の着方の基本

能装束の着方には幾つか約束事がありますが、全てが決まっているわけではなく、その約束事を守った上での選択肢もあります。一曲を上演する上でシテ方の装束は全てその時のシテによって差配されるのが原則なので、装束にどんな色や柄が使われているかは最もシテの趣向が窺える点でもあります。そうした事を理解するために装束の着方を幾つか見てみましょう。

装束の着付け方の基本は「着附《きつけ》」という一番内側に着る物と、その上に着る「表着《おもてぎ》」からなっています。左頁の【唐織着流《からおりきながし》】では、内側の摺箔《すりはく》が着附、唐織が表着、243頁の【無地熨斗目に水衣《むじのしめにみずごろも》】では無地熨斗目が着附、水衣が表着に当たります。また上半身の着附を着た後に、下半身に大口《おおぐち》や半切《はんぎれ》などの袴、あるいは女性の場合は縫箔《ぬいはく》を下半身に巻きつけた「腰巻」という着付け方をして長絹《ちょうけん》や法被《はっぴ》などの表着を着る場合があります。

ここでは、基本的な五パターンを紹介しますが、もちろん紋様や装束の種類・着付け方にはここで取り上げたものだけではなく、数多くのバリエーションがあります。

〈イラスト　堀内仁美〉

【唐織着流《からおりきながし》】

一般的な女性の扮装。摺箔（胸元に少し見えている）の上に唐織を着流しで着付けています。若い女性の時は唐織に赤が入り（「色入り」と呼びます）、《小《こ》面《おもて》》などの面を使用します。年配の女性の場合には赤の入らない「色無し」の唐織を使い、面も《曲見《しゃくみ》》などに変わります。女性の場合は装束が色入りか色無しかで見た目の印象も変わりますが、キャラクターの違いも表現しています。

摺箔《すりはく》

生地の文様部分に糊を置き、金銀箔を貼って文様を表した装束。唐織などの下に着るときは、通常は襟元しか見えない。

唐織《からおり》

綾織地に金糸・銀糸や色糸で絵柄を織り出した小袖形の装束。おもに女性や若い公達《きんだち》に用いるが、キャラクターにふさわしい色柄のものを選ぶ。

【縫箔腰巻《ぬいはくこしまき》に唐織壺折《からおりつぼおり》】

上半身に摺箔を着付け、下半身には縫箔を腰巻という着付け方にしています。さらにその上に唐織を壺折《つぼおり》という、いわば裾を端折ったように着ています。この着方は〈道成寺〉や〈葵上《あおいのうえ》〉、〈鉄輪《かなわ》〉などに見られ、その場合はイラストのような強い柄の装束を使用します。

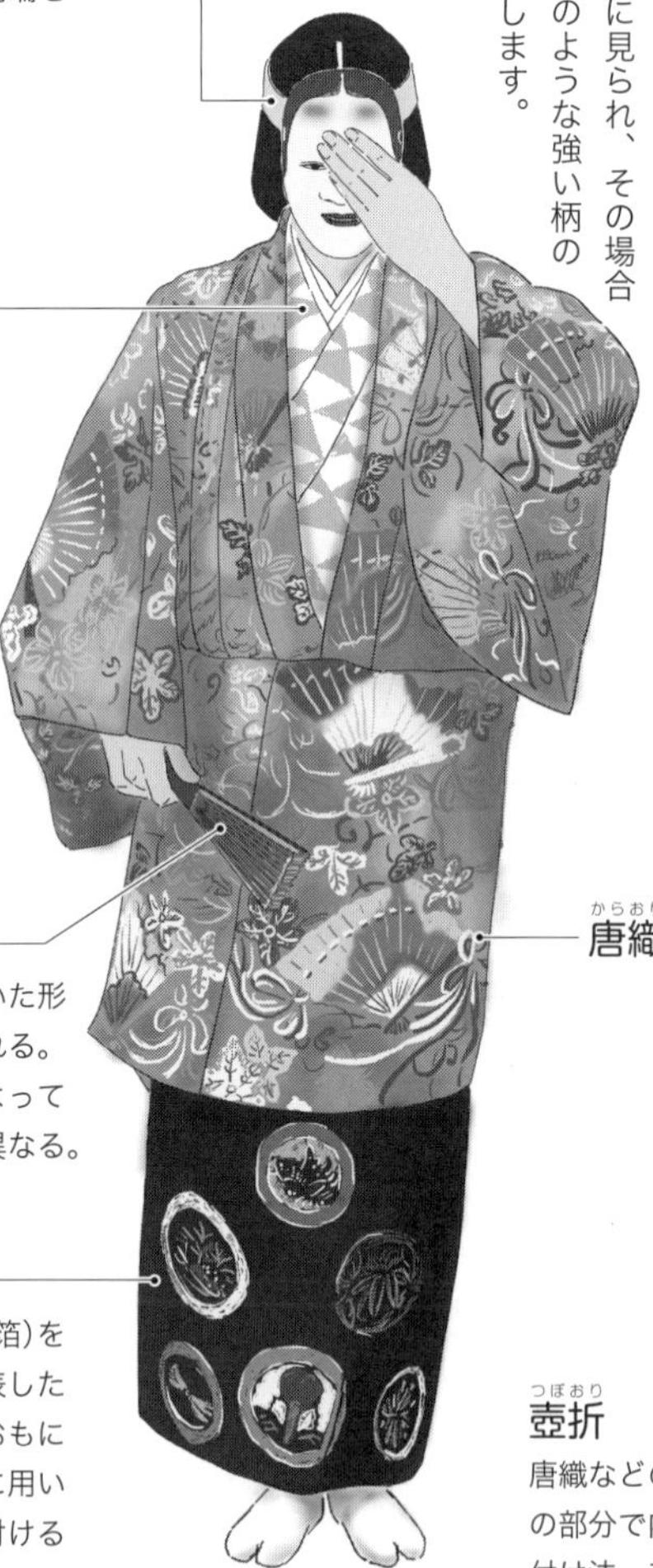

鬘帯《かづらおび》
女性の面《おもて》の下、額の部分に巻く、刺繡を施した細布。背中に両端を長く垂らす。

摺箔《すりはく》

扇《おうぎ》
閉じても先が開いた形は「中啓《ちゅうけい》」と呼ばれる。それぞれの役によって骨の色や絵柄が異なる。

縫箔《ぬいはく》
縫（刺繡）と箔（摺箔）を併用して文様を表した小袖形の装束。おもに女性や若い公達《きんだち》に用いる。「腰巻」に着付けることが多い。

唐織《からおり》

壺折《つぼおり》
唐織などの裾を上げて、腰の部分で内側に巻き込む着付け法。昔の女性が外出するときの「壺装束」に由来し、女性が移動中であることを表す。

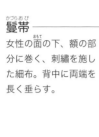

【縫箔《ぬいはく》腰巻《こしまき》に長絹《ちょうけん》】

着方としては、唐織壺折の表着である唐織の代わりに、長絹《ちょうけん》と呼ばれる大袖の単《ひとえ》(薄物)の装束を纏っています。

前折烏帽子《まえおれえぼし》
元々は白拍子《しらびょうし》の烏帽子を模しているといわれる。能では、舞を舞う人がかぶることが多い。

狂い笹《くるいざさ》
狂女の持ち物。尋常な精神状態でないことを表す。

長絹《ちょうけん》
紗や絽など、透ける生地に金糸や銀糸で文様を表した、単《ひとえ》・広袖の装束。長絹は女性の舞を舞う衣装としても、また男性の礼装としても使用される。下に大《おお》口《ぐち》(袴)をつけることもある。

縫箔《ぬいはく》
縫(刺繡)と箔(摺箔)を併用して文様を表した小袖形の装束。おもに女性や若い公達《きんだち》に用いる。「腰巻」に着付けることが多い。

【厚板《あついた》に法被《はっぴ》半切《はんぎれ》】

勝修羅などの後シテの扮装です。厚板《あついた》も法被も半切同様に全体に文様が入っています。勝修羅では面は《平太《へいだ》》が使われ、強さが全面に押し出されています。同じ修羅物でも平家の公達《きんだち》物は、《中将》や《十六》などの面が使われ、装束は大口に長絹《ちょうけん》、着附も縫箔《ぬいはく》が使われるなど、全体に品のあるいわば優男の雰囲気が漂います。

梨打烏帽子《なしうちえぼし》
兜の下にかぶった柔らかい烏帽子。折れ方で源平両氏の違いを表す。

白鉢巻《しろはちまき》
侍が面《おもて》の上に締めるもの。能では鉢巻で甲冑姿を象徴することが多い。

厚板《あついた》
おもに男性に用いる、厚くしっかりした生地の小袖形の装束。法被や水衣《みずごろも》の下に着ることが多い。

腰帯《こしおび》
表着の上に締める細帯。結んだあと、両端の生地を前に垂らす。

半切《はんぎれ》
半切袴の略称。金襴で様々な文様が施されている。武将や鬼神などに、法被と対で用いる。

法被《はっぴ》
武張った男性用の装束。前身頃と後身頃が離れており、裾のところの共布でつなげる。裏地のついた袷《あわせ》で仕立てられることが多い。

【無地熨斗目《むじのしめ》に水衣《みずごろも》】

尉《じょう》(男性の老人)の典型的な扮装です。無地熨斗目という最も質素な男性用の装束を着附に、水衣という広袖の薄着を着ています。腰には腰蓑《こしみの》というエプロンのようなものをつけています。

尉髪《じょうがみ》
馬の尻尾の毛でつくった老人用の頭。つけるたびごとに結い上げる。

無地熨斗目《むじのしめ》
男性に用いる小袖形の装束。熨斗目には無地のもの、段(太い横縞)文様のものがある。

腰蓑《こしみの》
漁師や猟師、汐汲み男などの役に用いる腰巻。通常のものは苧麻《ちょま》などの強靭な繊維を編んでつくるが、実際の鳥の羽を何枚も重ねた「羽《は》蓑《みの》」(鳥蓑)もある。

水衣《みずごろも》
薄い生地で仕立てた広袖、膝丈ほどの表着。男女、老人、僧侶などの日常着、労働着、旅行着などに広く用いられる。労働中は袖を肩上げにする。

おわりに

歌人　馬場あき子

これはコロナの禍中もおそれず重ねた対談によって生れた一冊である。世上にはすでにさまざまなアイデアをもって書かれた能鑑賞の手引がある。そこで今度はもう一歩横道や裏道に踏み込んだ対談を読んでいただき、能を観る眼により個性的なものを養っていただけたらいいなあと思っている。

私は十代の終りのころ能に出会い、しだいに深くはまっていったものなので、そのプロセスをお話すればきっと能の面白さの入口には立っていただけるだろうと思った。そこでまず第一に能楽堂そのものの異様さを、新鮮な眼で見なおしてみるのはどうだろう。

屋根のある四角な舞台も異様ならば、橋掛りや階《きざはし》、鏡板の松や欄干の外に立つ三本の松、それらがすべて能の歴史を物語るものであることに関心を寄せていただければ幸いである。またその反面では、この伝統の舞台に対して、観客席はどの程度まで可能だろうかとか、千人を超えて収容する興行にはどのような変容が可能だろうかとか、現代の視点を加えて下さる方があるとすれば、能の将来はいっそうすばらしいものとなるだろう。またこの能舞台は異様な空間ながら許容度が深い。ここで意外な何かを演じてみることなども開演前の思考の楽しみとしてみてはどうだろう。

ところで、私は能を観ることによって、歴史という太く重厚な時の流れが、じつは個々の顔をもった人間の動きであることを如実に知ることとなった。たとえば平家という、歴史の一時期を築いた集団の中から、すーっと一人の武者が抜け出してきて、その滅びへの歩みを語りはじめる。それは能のあらゆる登場人物にもいえることだが、つまり、それらは歴史というわけのわからぬ強いベクトルのうねりの中で、切々と生きていたなま身の人間だったのだ。こうした人々を忘れて本当の歴史はない。もちろんそれが狂女であろうと、鬼であろうと、恋の主人公であろうと、貧困者であろうと、仇討者であろうと、人間は時代々々を生き耐えつつ歴史を生きていたのである。近世の武士が教養として能を学んだのは、能がこうした生きた人間の歴史を伝え、その文学を味わうのにちょうどの芸術であったからである。

淡交社のおすすめにより、この度、能について対談で一冊を作ることになった友枝真也さんは、私にとってゆかりのある方で、小さい時から大学を出て青年能楽師になられる頃まで期待をもって見守ってきた方であった。それが、ふと気がつくと淡交社の編集者になっておられ、私も一度は編集者としておつきあいをした間柄である。

そういう親しさもあったゆえに、今回の対談での特色は、能の演技の裏話や、「実は」という演者の「ひみつ」などを洩らしていただけるといううま味があったかもしれない。一方私はというと、いつの頃からか能の主人公のシテについて、舞台上に繰り広げられる事柄だけでなく、その人物の生い立ちからを知りたくなる癖がついて、予備知識をたっぷり持つことによって能の魅力に厚みを加えて観るようになった。対談中そのへんの癖が出て余談が多くなったかもしれない。

能という芸能には面《おもて》というもう一つ魅力ある分野があり、装束という美の組合せを鑑賞する分野もあるので、だんだん深みにゆかざるをえなくなるのも楽しみなのである。さらにはお囃子という、もう一つの別世界がある。私が能を観はじめたころ、お囃子のきびしい掛声が圧倒的で、謡の文言が聞き取れないことにいらだったこともあったが、これは次第に馴れるほかない。何年か時間はかかるが、やがてお囃子そのものの面白さに変ってくる。

対談の中で謡の文言にふれる場面がかなりあった。能の構造を簡単にいえば、ワキに問われてシテが語る。その語りの半分を地謡が受け持っているということだ。謡の文言は能のいのちでもある。ただ面倒なことに、一曲の中心部をなす序（クリ）、サシ、クセなどには貴人上方様《きにんうえつかた》と呼ばれた教養高いパトロン達を満足させるための言葉のテクニックも手がこんでいて、中でも漢詩文の格調に対し、古今の典籍や和歌の断片を散りばめて文飾とし、心情表現に高雅さを加えるなど、たしかにこれは今日の教養からは親しいものではない。

しかし、百年前まではほぼ理解できたその文言が、今日悲劇的にわからなくなってしまったという文化の変貌をどう悲しんだらいいのであろう。一つは漢詩文の素養を失い、その張りのあるリズムの音楽性を忘れてしまったからであろう。だが能作者たちは、この漢詩文のあとには必ず和文を配して、もう一度同じ内容の言葉をつづり、強弱の韻律が対応する余情の世界を生んでいる。まさに「余情幽玄」の世界である。

対談を終えてこうした文言追求の課題が浮かび上がるなど、古典の力は底知れないものがある。さらにそれが今日に生きて謡われ、感動を呼んでいるのだから。

ぜひいろいろな能をごらんになって、沢山のクエスチョンに挑み、解決していって下されば嬉しく思います。

友枝真也（ともえだ・しんや）

一九六九年生まれ、東京都出身。上智大学法学部卒業。能楽シテ方喜多流職分、能楽協会会員、重要無形文化財保持者（総合指定）。祖父は喜多流職分故友枝喜久夫。三歳のときに仕舞「月宮殿」にて初舞台を踏む。喜多流十五世宗家喜多実に入門。喜多流宗家内弟子を経て現在、伯父の友枝昭世に師事。二〇〇四年「猩々乱」、二〇〇八年「道成寺」、二〇一一年「石橋（赤獅子）」を披く。「洩花《えいか》之能」主宰。

馬場あき子（ばば・あきこ）

一九二八年生まれ、東京都出身。歌人、文芸評論家。日本女子専門学校（現・昭和女子大学）国文科卒業後、歌誌「まひる野」に入会し、窪田章一郎に師事。一九七二年、夫・岩田正とともに短歌結社誌「かりん」を創刊。朝日新聞ほか地方紙の歌壇選者を務める。日本芸術院会員、文化功労者。一九四七年に喜多流十五世宗家喜多実に入門。新作能を手掛け、能楽の評論活動も行う。歌集のほか、和歌・能楽・民俗学・古典関係の著作多数。

装丁　濱崎実幸

もう一度楽しむ能

令和三年四月九日　初版発行

著　者　友枝真也　馬場あき子

発行者　納屋嘉人

発行所　株式会社　淡交社

本社　〒六〇三－八五八八　京都市北区堀川通鞍馬口上ル
〔営業〕〇七五－四三二－五一五一
〔編集〕〇七五－四三二－五一六一

支社　〒一六二－〇〇六一　東京都新宿区市谷柳町三九－一
〔営業〕〇三－五二六九－七九四一
〔編集〕〇三－五二六九－一六九一

www.tankosha.co.jp

印刷・製本　亜細亜印刷株式会社

ISBN978-4-473-04465-5

定価はカバーに表示してあります。

落丁・乱丁本がございましたら、小社「出版営業部」宛にお送りください。送料小社負担にてお取り替えいたします。